Marcello Russodivito

The Story of My 25 Years as Chef-Owner

A book of Recipes, Photos, Stories & Lots of Love

I Miei 25 Anni di Attività

Un libro con Ricette, Fotografie, Storie e Tanta Passione

By Marcello Russodivito

Enjoy this book.
Buon Appetito!

PUBLISHED BY
Mario Marcello Russodivito

ISBN # 978-0-615-45456-6

Printed in Korea by asianprinting.com

First Edition

Cover and book design by Millicent Iacono
Food photography complements of Francesco Tonelli pages 29-79,
    cover food photography and Marcello profile photos
Food photography complements of Garry Gleason pages 80-131
Other photos complements of Marcello's family archives
Other photos complements of Stephen Shadrach
Photos on page 8 & 190 by Marv Alpert – www.creativeartphotos.com, alpert@mail.com
    Copyright ©Marv Alpert, 2011, Creative Art Photos –all rights reserved.

This book is dedicated in loving memory of my mamma Vittoria & my father-in-law George.

Questo libro è dedicato alla memoria di mamma Vittoria e mio suocero Giorgio.

Introduction/Introduzione

After twenty-five years as a chef and restaurant owner in the New York metropolitan area, this year we celebrate our successes and look back on the chances we took to get to where we are today.

As 2011 approached, I wondered what I could possibly do to commemorate the more than two decades I have spent cooking and developing relationships with local communities. The only way to truly show what these years have meant to me was to put my experiences down on paper and share them.

In this book, we have created a way for customers and friends to take a look into the kitchen with me and discover my favorite recipes and the decisions I have made behind the scenes. This book features stories of my business adventures, my 25 favorite recipes, and 25 classic recipes from my past cookbook.

Continuing on the theme of 25, we have also gathered my 25 favorite restaurants in Italy, 25 top Italian restaurants and 25 favorite restaurants in New York City. Also included are 25 links of tips for food, wine, and traveling in Italy.

Last but not least, in this book you find Italian translations of all content so that it can be enjoyed by friends and family in Italy, as well!

Italian version: Dopo 25 anni trascorsi da chef e proprietario di ristorante nell' area metropolitana di New York, quest'anno festeggiamo i nostri successi, ricordando tutte le tappe dei traguardi raggiunti.

Con l'approssimarsi del 2011, mi son chiesto cosa avrei potuto fare per ricordare gli oltre due decenni trascorsi a cucinare e a sviluppare relazioni con le comunità locali. Ho pensato che il modo più giusto per mostrare veramente ciò che questi 25 anni hanno significato per me fosse quello di mettere le mie esperienze su carta e condividerle con voi tutti.

Con questo libro abbiamo trovato un modo per permettere a clienti e amici di dare un'occhiata in cucina insieme a me, scoprire le mie ricette preferite e conoscere le decisioni prese dietro le quinte nel corso degli anni. Nel libro troverete la storia delle mie avventure imprenditoriali, 25 ricette nuove e 25 ricette classiche tratte dal mio primo libro di cucina.

Sempre sul tema del 25, abbiamo anche inserito i miei 25 ristoranti preferiti in Italia, suggerito 25 ristoranti italiani di prima categoria ed elencato i miei 25 ristoranti internazionali preferiti nella città di New York. Troverete, inoltre, 25 links con suggerimenti sul mangiare, bere e viaggiare in Italia.

Per ultimo, ma non meno importante, potrete trovare la traduzione italiana di tutto il contenuto del libro di modo che esso possa essere gradito anche da amici e parenti in Italia!

Thank you and enjoy!

BUON APPETITO!

Marcello

Acknowledgements/Ringraziamenti

I would like to start by expressing my appreciation and gratitude for the wonderful support and encouragement of my family. My daughters have been a huge source of help and they have served as reminders of the importance of maintaining a sense of humor. I am especially thankful to Nicole for helping me assemble our favorite recipes and to Danielle for helping sort through the many stories of the past 25 years.

Translated: Vorrei iniziare esprimendo il mio apprezzamento e gratitudine per il meraviglioso sostegno e l'incoraggiamento della mia famiglia. Le mie figlie sono state una grande fonte di aiuto e hanno contribuito a ricordare l'importanza di mantenere il senso dell'umorismo. Sono particolarmente grato a Nicole per avermi aiutato a scegliere le nostre ricette preferite e Danielle per avermi aiutato a scegliere tra le tante storie degli ultimi 25 anni.

~~~

My wife Carolyn has had an enormous role in our success so far: from recalling and helping me retell the stories in this book, from her daily role in the restaurants to her constant creativity, and I am forever grateful for her presence and unending support.

Translated: Mia moglie Carolyn ha avuto un ruolo enorme nel nostro successo finora: dalla progettazione all'avermi aiutato a raccontare le storie in questo libro, dal suo ruolo quotidiano nei ristoranti alla sua costante creatività. Le sarò eternamente grato per la sua presenza e interminabile sostegno.

~~~

I'd like to express my thanks to Nora Kurtz for helping turn my experiences into written stories. Special thanks for her patience, great attention to detail, and appreciation for what all of these stories have meant to me, my family and my colleagues.

Translated: Vorrei esprimere il mio grazie a Nora Kurtz per avermi aiutato a trasformare le mie esperienze in storie scritte. Un ringraziamento speciale per la sua pazienza, grande attenzione ai dettagli e apprezzamento per quello che tutte queste storie hanno significato per me, la mia famiglia e i miei colleghi.

~~~

And to my brother, Antonio, who translated Nora's writing into a fantastic Italian version. His patience and careful work has allowed this book to be enjoyed by friends and family in Italy and I am very thankful to have been able to collaborate with him on this project.

Translated: E moltissime grazie a mio fratello, Antonio, che ha realizzato un'apprezzabile e preziosa versione italiana dell'opera di Nora. Il suo lavoro paziente e attento permetterà a questo libro di poter essere gradito da amici e famigliari in Italia. Sono molto grato per aver potuto collaborare con lui in questo progetto.

I also owe great gratitude to graphic designer Milly Iacono for helping me with my last cookbook and for continuing to make this book as beautiful and well put-together as it is. Her patience and natural sense of design have been invaluable, and I am very thankful for all of her help.

Translated: Devo anche molta gratitudine a Milly Iacono, graphic designer, che ha già collaborato alla pubblicazione del mio primo libro di cucina e ha continuato ad aiutarmi nella realizzazione di questo secondo che dal punto di vista grafico è veramente bello. La sua pazienza e il senso naturale del design sono stati inestimabili e sono molto grato per tutto il suo aiuto.

~~~

I also want to thank all of the staff of Marcello's and Mamma Vittoria for helping me with the preparation of the recipes featured in this book, and for their great help and reliability over all of our years of business. They have always been there to make sure our customers felt at home, and for that they have played a key part in our success!
   Special thanks also must be given to Lloyd Leon, our sommelier, for helping us collect and organize all the wine information found in this book. I am so proud to have more than three members of my staff that have been employed over 22 years, and Anthony Maggiolo with the record of 25 years from day one.

Translated: Voglio anche ringraziare tutto il personale di Marcello's e di Mamma Vittoria per avermi aiutato con la preparazione delle ricette presentate in questo libro, per il loro grande aiuto e l'affidabilità in tutti i nostri anni di attività. Sono sempre stati pronti ad assicurare che i nostri clienti si sentissero a proprio agio e per questo hanno giocato un ruolo chiave nel nostro successo!
   Un ringraziamento particolare, inoltre, deve essere rivolto a Lloyd Leon, il nostro sommelier, per averci aiutato a raccogliere e organizzare tutte le informazioni sui vini che si trovano in questo libro.

~~~

And thanks as well to my niece Simona who helped translate the recipes into Italian, and generously devoted her time to giving the recipes accuracy and charm in Italian as well as Antonio Lo Pinto and his wife, Laura Alessi.

Translated: Grazie anche a mia nipote Simona che ha contribuito a tradurre le ricette in italiano, dedicando generosamente il suo tempo a dare ad esse accuratezza e fascino nella nostra lingua italiana.

~~~

Last but certainly not least, I would like to thank Francesco Tonelli for his absolutely amazing job photographing the recipes featured in this book. A master chef as well as well known photographer, he generously gave his time, energy, and expertise toward designing and capturing my recipes, and I am very grateful for all of his help. www.francescotonelli.com.

Translated: E per ultimo, ma certamente non perché meno importante, vorrei ringraziare Francesco Tonelli per il suo lavoro assolutamente fantastico: la fotografia delle ricette presentate in questo libro. Maestro chef e anche ben noto fotografo, Francesco ha generosamente dato il suo tempo, energie e competenza per la progettazione e la realizzazione fotografica delle ricette. Sono molto riconoscente per tutto il suo aiuto. www.francescotonelli.com.

Table of Contents

Marcello Russodivito was born in Campo-basso – the capital city of the Italian region of Molise. His family originates from Riccia which is one of the largest towns of the province where he spent his infancy and childhood.

Born the youngest of five children, after the sudden death of his father, he began working in restaurants when he was just 13 years old. At the age of 14, he traveled to study at the "*Hotel Institute of Montecatini Terme*" in Tuscany for three years until he graduated.

To improve and refine all that he learned, Marcello worked the next six years around the world to perfect his culinary talent in Switzerland, Germany, France, England and, finally, in Bermuda.

In Bermuda he met his wife, Carolyn, and they both moved back to the United States. Here he perfected his art, working for some of the most famous restaurants in New York and New Jersey. This experience led him to understand what the American customer wants and expects from a good restaurant.

In 1986, Marcello realized his dream as a chef and opened his first restaurant in Suffern, Rockland County – New York State.

In 1992, Marcello appeared on the "*Live with Regis and Kathie Lee Show*" preparing his most loved recipe for "Tiramisù."

In 1993, Zagat appointed Marcello's Ristorante as "One of the 50 best restaurants in the Tri-State area."

"*Crain's New York Business*" ranked Marcello's Ristorante as "one of the best Italian restaurants outside of Manhattan."

In 1992, the *American Academy of Restaurant Sciences* chose Marcello's Ristorante for its "*Best of the Best*" Five Star Diamond Award as one of the top 50 Italian restaurants in the United States.

In 1994, Marcello participated in the inaugural event at the Gracie Mansion, the official residence of the mayor of the City of New York with Mayor Rudolph Giuliani residing for the '94 Soccer World Cup.

In 1996, Marcello opened "Caffè Dolce" Trattoria, referring to the Italian and European tradition of meeting friends and hanging around over a bite to eat.

On June 4, 1997, the Ministers of Agriculture and Foreign Trade in Italy awarded the "*Insegna del Ristorante Italiano nel Mondo*" to Marcello. This award is given to those who have demonstrated superior achievement in the culinary arts and have acted as "Goodwill Ambassadors" for promoting the Italian culture abroad.

In June 1997, Marcello took part in the successful series organized by the James Beard Foundation, cooking in a fully-booked event at the James Beard House which is considered the "Carnegie Hall" of Culinary Arts.

From 1998 to 2007, Marcello reopened the historic "Ho-Ho-Kus Inn" in Ho-Ho-Kus, New Jersey. This 257-year-old home boasted six elegant rooms where Marcello served his fine contemporary Italian cuisine.

In 2005, Marcello published his first cookbook and wine guide entitled, "Sale, Pepe, Amore e Fantasia" (*"Salt, Pepper, Love and Creativity"*) with great success.

In 2008, Marcello participated as a Food Consultant in the film "Lymelife," directed by Derick Martini starring Alec Baldwin, Rory and Kieran Culkin, Jill Hennessy, Timothy Hutton, Cynthia Nixon and Emma Roberts. He was in charge of the food preparation for the scenes shot in the movie and even took part as a speaking actor in some scenes.

In November 2009, still within an economic crisis, Marcello opened a casual restaurant in Nutley, New Jersey called "Mamma Vittoria," dedicated in loving memory to his mother who recently passed away. Marcello's mother shared his passion for great food and had an important influence on his culinary expertise.

Marcello is currently a member of the Ciao Italia Association (Italian restaurants from all over the world with its headquarters based in Rome). With this Association, Marcello had the honor to meet three different Italian heads of State: president Oscar Luigi Scalfaro, Carlo Azeglio Ciampi and Giorgio Napolitano at the Quirinale (the presidential palace) in Rome.

Over the years, Marcello has been a major contributor of his talent as well as of his food to organizations such as *Taste of the Nation*," "*Menu of Hope*," "*ARC of Rockland*," "*Good Samaritan Hospital*" plus many others in need of help and support.

Currently, in his Suffern location, Marcello continues to welcome and greet his customers always attentive to their questions or needs (a trademark he has developed over the years). Marcello's special feature is his Chef Table and Cooking Demonstration Studio where customers can experience either cooking classes or have Marcello cook a private dinner party up to twelve people.

Marcello is also a guest chef every Monday morning on radio Rockland WRCR AM 1300 from 8.45 am to 9.00 am – www.wrcr.com.

In 2005, he filmed a video program for local television channels called "Brindiamo! A Toast to the Finest Italian Restaurants," hosted by Ornella Fado, producer of the television show "Brindiamo."

In 2010 he participated with Ornella Fado, – www.Brindiamotv.com, in a cooking competition sponsored by the Hotel School Piemontese (IFSE – Italian Style Food Education – Culinary Institute) as a judge and instructor. The event was held at the Astor Place in New York. During the competition Marcello helped American students in the creation of special dishes made with Asti spumante.

Again in New York with Ornella Fado – www.Brindiamotv.com – he participated in the Columbus Day parade on 5th Ave with Italian chefs representing the Italian cuisine in the USA.

In November 2010, Marcello accepted the invitation of the "Virtual Group of Italian Chefs" (www.gvci.org or www.itchefs-gvci.com) and participated in the "Italian Cuisine Asia Summit" to promote Italian cuisine in Hong Kong (China).

In 2011, again with the "Virtual Group of Italian Chefs" he participated in the "Pesto Day" an event that takes place every year to promote a regional Italian dish.

In February 2011, with his partner Abe, he completed the expansion of the catering room of Mamma Vittoria in Nutley (N.J.) with great success.

Marcello is currently working on a new cookbook with new recipes, the story of his 25 years of career in the U.S. as chef patron and much more. To celebrate the 25th anniversary of his restaurant of Suffern he is also organizing 2 concerts with various artists performing Italian classical music, opera and pop music at the Lafayette Theatre, historic theater of the town.

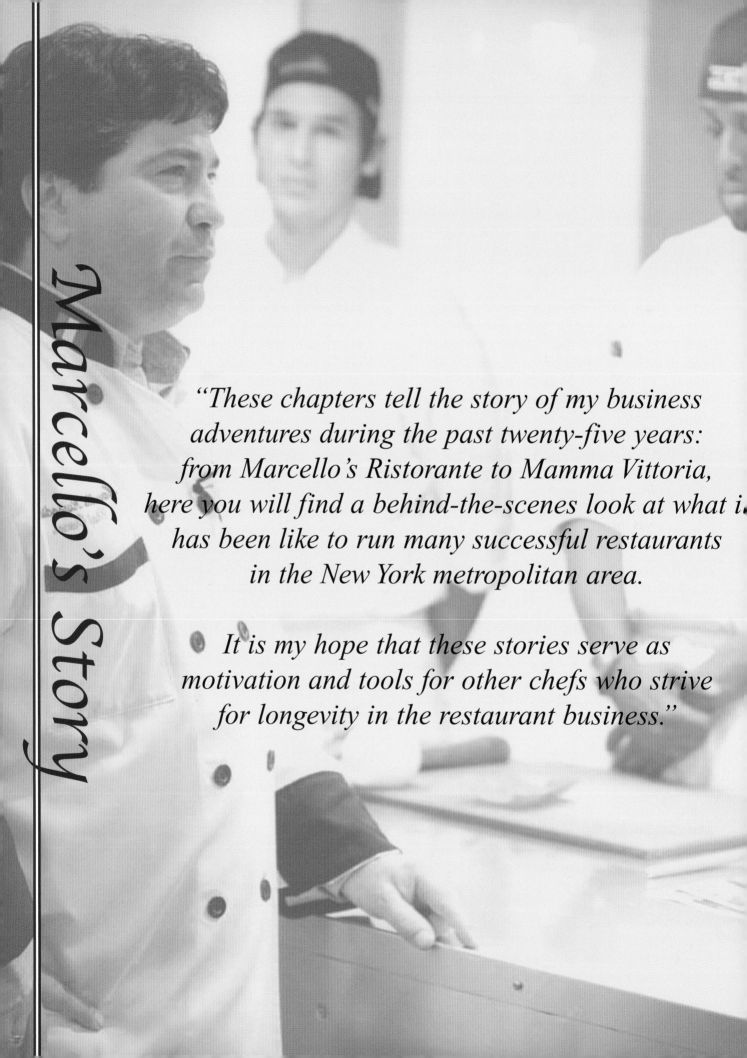

Marcello's Story

"These chapters tell the story of my business adventures during the past twenty-five years: from Marcello's Ristorante to Mamma Vittoria, here you will find a behind-the-scenes look at what it has been like to run many successful restaurants in the New York metropolitan area.

It is my hope that these stories serve as motivation and tools for other chefs who strive for longevity in the restaurant business."

Chapter 1

Arriving on Lafayette Avenue

In February 1986, I found myself working at a restaurant run by an Italian-American man. The restaurant was disorganized and poorly run, and I had ideas about how turn it around and maximize production and service. When I eliminated 75 out of 200 seats so that customers were better attended to, the owner was furious. He accused me of cutting him down and trying to keep him from making money. My response was simple: If people are unhappy, how will you make money? But despite my good intentions, the owner asked me to leave soon after our disagreement.

Disheartened and without a job, I drove home one night after my dismissal from the restaurant. Lost in my thoughts, I missed my street and ended up in Suffern. As I coasted down Lafayette Avenue, I spotted a small store with a "for rent" sign posted in the front window. The possibilities flashed before my eyes. *Why not start my own restaurant?* The space was the perfect size for a 45-seat restaurant and the rent was reasonable enough. This property was the blank slate I needed.

Although downtown Suffern was in an economic downswing, I signed the lease for fifteen years at $700 per month and my hopes soared. The work had just begun, however, and the next five months were packed full of plumbing, carpentry, painting, and cleaning.

It was difficult to create the space we needed because of our tight budget. With only $50,000 to work with, we searched high and low for used equipment. But despite financial concerns, I insisted that the most important decorative items be brand new so we could give customers a high dining experience. Nearing the end of construction efforts, we even ran short of funds, and we had to borrow money to cover produce and the payroll. Nonetheless, we were resourceful. Shopping at Pathmark and local stores for the restaurant's grand opening, we found ways to make our limited resources produce delicious meals. My wife, in-laws, and even my wife's grandfather helped design and decorate the restaurant with the details and decoration that gave it unique charm.

On June 25, 1986, we opened our doors for a grand opening celebration, and our relatives and friends gathered in the restaurant to wish us the best of luck. My birthday was the next day, so as the night neared its end, we celebrated with a beautiful cake.

First Years of Operation

The first week began ominously with heavy rain that surged in through the back door and ruined our new carpet. The landlord quickly fixed the damages and despite this minor setback, we set off full speed ahead.

I had designed the menu to be simple and reflective of traditional Italian cooking, but initial criticism taught me to be flexible and receptive to the preferences of customers. When customers told me that my large, elegant plates made portions look small, I quickly adjusted to create a better presentation with smaller plates. Because of my experience both in the dining room and the kitchen, I was able to establish a unique rapport with my customers that allowed for warm relationships and a regular, loyal clientele base.

During the first year, the menu grew as more and more dishes and specials were added and our small wine list expanded. Slowly but surely, the restaurant garnered positive reviews and buzz spread about us among the local community. For a small restaurant of 45 seats in Rockland County, customers found that we provided great service and creative, authentic Italian cuisine at a good price.

The year 1987 brought an economic recession our way, and with the collapse of the stock market, we were not immune to community members' efforts to spend more sparingly. But our energy and strong-mindedness sustained us, and a few tweaks to the menu allowed customers to continue enjoying meals in our restaurant while feeling more comfortable with the bill.

At the end of the first year, I decided to close the restaurant for a month for some well-needed rest, just as we do every year in Italy. The vacation was wonderful and relaxing, but when we came back in the fall and reopened the restaurant, few of our former customers knew we were still in business. As taking a month off for summer vacation is not customary in the U.S., people had assumed that we had closed our doors for good. While slowly rebuilding our customer base that fall, I realized that long breaks were not sustainable in the U.S. From then on, we were open seven days a week, twelve months of the year, and I started delegating responsibility to other staff members.

This proved to be much more successful. Both the customers and I got what we wanted, and we could maintain good relationships throughout the entire year.

By 1989, our modest trattoria had become a restaurant and our success had outgrown the small space with which we had begun. Around this time, the liquor store next door was going out of business and the building owner was looking for someone to buy the building. I knew this would be our chance to expand, but I needed to take out a loan. Not many local banks wanted to give loans to the risky business of a family restaurant. They assumed profits would be small, and they didn't know if they could trust our success. But just as we had done in the beginning by finding resourceful ways to decorate and create delicious meals with limited capital, we persisted. After numerous denials all around the county, we finally found success with a loan from Provident Bank of Suffern.

My troubles were not over, however. I had to take out a second mortgage, and for weeks I worried how I would manage if the owners of the building did not agree to grant it to me. I spent sleepless nights worrying, but luck was with us as the owners finally agreed. I could exhale at last. Now I focused on our next exciting undertaking: the actual expansion of the restaurant.

This expansion meant, above all, an enlarged kitchen so that we could better serve our customers. It was of the greatest concern that I not repeat the mistakes of the Italian-American restau-rant owner who had fired me years before; I wanted to maximize the quality of service, not just focus on the quantity of customers coming in. My motto was simple: learn how to better serve the customers I already had, and then slowly expand on that success.

The first thing I did was to make the kitchen as big as the dining room. I wanted the space to make foccacia and homemade desserts of the best possible quality. Next, we slowly expanded from 45 to 70 seats by making simple changes such as incorporating square tables.

Life became easier as less people waited outside, and we were able to provide customers with better service. We even were able to cultivate good relationships with the many large businesses located in nearby northern New Jersey. Seminars, company dinners, and corporate parties started coming in and we happily accommodated them with our new facilities.

An Unusual Story
One night, a businessman made reservations for eight of his customers to dine with him at our restaurant. We set aside a table for him, but later that day, his secretary called and cancelled the reservation. The restaurant filled up quickly that night, and when the businessman arrived at 7:30 p.m., he was bewildered to not find a reservation under his name.

We explained that it had been cancelled, but he could not imagine why his secretary would do such a thing. Unable to accommodate him, we apologized again and asked him if he might have a drink at a nearby hotel and come back after the dinnertime rush was over.

When the businessman came back, we welcomed him warmly and at that moment, the restaurant fell black under an electrical outage. Without electricity, there was no way to serve our customers.

The businessman was furious, overcome by frustration and an empty stomach, but I had to try hard not to laugh at his bad timing. What luck! He stormed out of the restaurant with the fury of a very hungry man, and we never saw him again.

Chapter Two:

A Quickly Growing Business

In 1992, with Iraq invading Kuwait, we felt a downswing in the American economy as business slowed down considerably. But one quiet evening, I received a call from the producers of "The Regis and Kathie Lee Show" asking me to appear on their program the next morning.

They had a spot open on their holiday season show, and they wanted to film a cooking segment featuring tiramisu. During the next ten hours, I raced around preparing a recipe and gathering ingredients. I would have three minutes on national television to explain the recipe and display the finished product, and I stayed up all night with a mixture of stage fright and excitement.

On the set the next morning, everyone was very gracious. I prepared a final product of the dessert because we were crunched for time, but Regis made me feel right at home by teasing me that I looked too young to be a chef!

The three minutes flew by quickly, and I felt a huge wave of relief when the segment was over. After the show aired, friends from California and Colorado even called to congratulate me and our restaurant picked up a great surge of recognition.

At this point, I felt that our patrons had started to trust my style of cooking, and this allowed me to be more creative with our ever-evolving menu. This meant freedom to include more sophisticated specials. I also started traveling to Verona, Italy, for the Vinitaly Wine Expo, as well as to local wine tastings so that I could become familiar with the newest Italian and Californian wines. These visits to Italy and to Napa Valley and Sonoma Valley were truly inspirational. My newly acquired familiarity with wine greatly enriched the restaurant's selection.

Reaching Out and Expanding Within

During the early 1990s, I became very involved with local restaurant groups. I wanted to surround myself with colleagues who were facing similar challenges so that we could pool our creativity and work off each other's successes. I joined the Gruppo Del Ristoratori Italiani (the National Group of Italian Restaurateurs) in Manhattan and months later I was asked to be the president of the new membership sector. This position allowed me to see many diverse restaurants, attend events, and meet experienced restaurateurs in New York City and neighboring areas. As a group, we also traveled to many different regions in Italy to visit wineries and Italian factories producing fine food products.

For many years, I also helped organize the Vino & Cucina Event in New York City to raise funds for scholarships for young chefs to go to Italy for culinary training. This meant organizing fellow chefs, helping them develop new dishes, and managing multiple public events each year. Helping other chefs made me more efficient because I had to learn to organize my multiple projects so that I still provided good service in my restaurant. I became competent in multitasking, and I found that helping other chefs gave me a new perspective on my own restaurant: I saw the chance to bring special events to Marcello's in Suffern.

Time flew by in a blur as I divided my attention between the restaurant and many different charity events in the culinary world. At the same time, I started organizing and hosting special four-course dinners at my restaurant. These special monthly meals highlighted the cuisine and wine unique to each region of Italy. Through newsletters, phone calls, and word of mouth, we gathered large groups of new and old customers who came to try the authentic tastes and smells of different regions of Italy. We also incorporated wine into these meals, and we often invited wine stewards to present wine choices that matched the meals I prepared. Customers came to these events to learn about each Italian region, and this provided a new way for me to engage customers with the Italian food I loved.

I was also very busy holding cooking classes in the restaurant's kitchen on Saturday mornings.

After multiple customers asked me to show them how to make their favorite dishes, I decided to put together workshops for six to ten customers to watch and even help with food preparation. Each Saturday, we would choose two appetizers and a few entrées. Customers who signed up for the classes would gather in the kitchen and watch as I prepared the dishes and explained the recipes. They also were given the opportunity to help prepare the meals, and afterward, the students would taste the fruit of their labor by enjoying the meals they had helped to prepare.

Before we knew it, the ten-year anniversary of Marcello's was just around the corner. For this exciting occasion, I wanted to host a celebration where I would feature the original menu and prices from the first day of operation. We opened for three special days with this original menu and our dining rooms were packed! Old as well as new customers were there to celebrate and enjoy our success with us, and to commemorate the occasion, we held a raffle for a trip for two to Italy. The mayor of Suffern performed the honor of choosing the winning ticket, and we watched with pride as two lucky customers were given the opportunity to visit Italy.

An Unusual Story
One night, a customer who often came to the restaurant showed up to a packed house. He had no reservation (although he was indignant that his name was not on the list), and he did not understand that we had no room for him in our dining room. He took me aside and waved his black American Express card around in the air, yelling, "Do you know how many times I have come to your restaurant?"

"Sir," I replied. "Obviously you have had many great meals here, so why would you do this to me?"

He did not have an answer, and that night we served many wonderful dishes, but he was not to be found among our customers in the dining room.

Chapter Three:

The Birth of Caffé Dolce
Having accomplished ten years in business, I felt confident and optimistic. I knew I had built a good foundation from which I could expand and I felt ready for the wonderful adventures to come. During the past decade, many opportunities had surfaced that I had denied because I knew that without first having a solid base, I couldn't develop greater things. Now I could begin to build upon my foundation.

One day, while I was surveying the area outside my restaurant, I noticed that the little coffee shop across the street was going out of business. As a child growing up in Italy, I had always brought espressos from cafés to neighboring banks and stores during the workday for tips or even treats like ice cream. The café culture in Italy is built on the idea that the best way to enjoy the company of those you love is by savoring a cup of coffee with them. As I stood outside my restaurant in Suffern, I thought to myself, *Why not create the same type of café atmosphere here?*

I figured I could open up a dessert place serving cappuccinos and sweets, and then in the summer, the alley next to it could harbor a court for *bocce* (a ball game closely related to bowling). It would be a great place for me to relax and I would also be able to admire and survey it from Marcello's across the street. I crossed the street to speak with the coffee shop owner, and for $1000, I bought some of their inventory. Next, I approached the landlord to see if I could negotiate a lease.

I didn't want to take on the whole endeavor by myself, so I starting testing the waters to see if any of my staff might be interested in joining the project. It happened that one of my servers had an interest in coffee. Our partnership sprung up quickly after that, and Caffé Dolce was started. It was not initially such an easy task because the coffee and dessert services alone were not enough to provide the income of an establishment of such a substantial size. Because Marcello's only had a small service bar instead of a full sit-down bar, we felt it would be advantageous to open a full-size bar with the idea that customers could have a drink at Caffé Dolce while waiting to dine at Marcello's. As for the bocce ball court, the space would take up too much room in the parking lot, so we decided to just set up a few tables and chairs in the courtyard for the time being.

International Recognition

Now that Caffé Dolce was established, I started to expand on the successful events I was already constantly hosting at Marcello's. Many of our events promoted extra virgin olive oil with Paolo Villoresi, director of *La Cucina Italiana Magazine*. I organized several events at Marcello's Ristorante for *La Cucina Italiana*, and I also hosted events at their culinary school in Manhattan.

La Cucina Italiana subsequently put together a compilation featuring twenty-five prominent chefs and their best pasta recipes. The compilation, *The Signature Pasta Book*, allowed the magazine to feature each chef's unique style and contribution to the American world of Italian cuisine.

This proved to be a successful way for me to reach my customer base in their kitchens. Because each restaurant had its own cover page for the book, we were able to sell copies of the book in our restaurants, and I enjoyed this new form of contact with my clientele.

This was also a great honor for me as it was the first time I had been asked to contribute my recipes to the greater culinary world. My customers loved using the recipes in their own homes, and I was encouraged to continue seeking opportunities outside my local network.

In the meantime, I had left the Gruppo Ristoratori Italiani and joined the Ciao Italia Organization, a worldwide group with its headquarters in Rome. I felt that this change would allow me to gain more contact with the international culinary world. As a participant in Ciao Italia, I met chefs from Germany, France, Venezuela, and various Asian countries, and together we exchanged ideas and collaborated on educational events for up-and-coming chefs. I had grown up in Italy and I lived in New York, but now for the first time, I had an international network at my fingertips.

In 1997, I was honored to be nominated for the title of "Ambassador of Italian Cuisine Abroad." I traveled to Rome, where other chefs and I met members of the Italian government and President Luigi Scalfaro at the Quirinale Palace. This amazing honor encouraged me to expand my former expectations of what my businesses could achieve.

Further Expansion: The Waterwheel and the Ho-Ho-Kus Inn

In 1998, I suddenly had two new opportunities on my agenda: the Waterwheel and the Ho-Ho-Kus Inn.

The Waterwheel venture started when I learned of a nearby café with an impressive chalet layout and an historic old mill attached to it. Being that I was already working on multiple successful projects, I felt strong and encouraged from my recent success, and I wanted to continue to build on that. Soon after visiting the café, I contacted the owners to see if they would be interested in working together to turn their restaurant into a more full-service operation.

The location was breathtaking. The building had a beautiful view of the sunset, and I thought this could be combined with a stronger menu to create a much larger and more successful operation. At the same time, I was aware that this was an ambitious project, so I called a friend interested in the restaurant business, and I put him in contact with the owners of the café. I wanted to be involved, but I preferred to stay more in the domain of the cuisine, and my friend was more interested in the business side of the project.

We made arrangements to all work together on varying levels of responsibility, and after a few weeks, we decided to name the new restructured restaurant the Waterwheel because of the historic mill located right behind it.

Being that for the past ten years, I had been working alone, I soon found balancing the project with multiple partners to be challenging.

We put a lot of ideas together, and the owners came up with some very ambitious construction projects for the location. Their goal was to build a catering room behind the café, revitalize the mill and construct open gazebos all around in order to facilitate holding large parties such as weddings, while still providing a way for the public to visit the historic mill.

Because of their expanded plans and the fact that I had other projects still in process at that time, I didn't want to invest too much money into the café before getting started on revitalizing the menu. The owners had told me that I could become a full partner once the construction efforts were finished, so I could wait to invest until then, but I still felt wrong not contributing yet. It seemed to me that I should invest some of my own money toward making the café appearance more attractive because I knew I would eventually be part of this project. This investment went toward landscaping, and as the building was located on farmland, the results were spectacular. I was glad that I had contributed about $50,000 of my own money, and I looked forward to continuing to invest in the restaurant later on.

But after the newly revitalized restaurant was opened, the investors and the owners started having conflicts. The manager of the restaurant did not want to listen to the investors, and the whole idea of the restaurant started to fall apart.

After many attempts to make the owners and investors come together and work out their differences, the partnership went sour.

I felt stuck in the middle of both sides, now with tens of thousands of dollars invested and no clear way to work out the differences of the all the partners. After a failed attempt to buy them out and take sole ownership of the restaurant, I decided that the best solution would be for the owner to run it by himself. I could cut my losses, take a smaller amount of money than I had put into the venture, and leave the partnership after less than one full year.

Around this time, a realtor from Ridgewood, New Jersey dining at Marcello's strongly encouraged me to take a look at a landmark restaurant in New Jersey. The restaurant, the Ho-Ho-Kus Inn, was a French restaurant that had recently gone out of business. The owners were looking for a new operator to sign a lease and buy the existing liquor license.

The realtor was insistent that I would be the best, most energetic person to bring this restaurant back around to successful production. With the success of Marcello's and Caffé Dolce on my mind, I was enthusiastic, but I still worried this would be a huge project that I could not take on alone.

As I turned this idea over in my head, I thought of a gentleman who had repeatedly asked me over the years to join him as a business partner.

When I mentioned the Ho-Ho-Kus Inn to him, he was extremely enthusiastic. Together we looked into the details of taking over the restaurant. It was complicated because the historical landmark was owned by the village and the liquor license was owned by the previous corporation. This became problematic: to buy the place, we had to purchase the license, but to obtain the lease, we still had to auction for it. We went into the auction owning the license, but someone still could have easily outbid us for the use of the restaurant!

We did have a very good chance of obtaining both, however, since the Ho-Ho-Kus Inn had always been a great family gathering place that served alcohol. This meant that the prospect of it being a dry establishment would probably not benefit the new restaurant's owners.

With this in mind, we went to the auction with a plan of action. There were many eager businessmen there, but I stressed to all present at the auction that I would never sell the license if someone else bought the property. I think this upfront honesty convinced the others that if they did outbid us, they wouldn't succeed in obtaining the license. The business would be dry so it would not pay off for them in the end. This was a very effective tactic and we left the auction with the lease in our hands.

We were immediately overjoyed, but we didn't realize how big the renovation project would turn out to be. The property was old and run down, and we had to give a facelift to every corner of the building. This led to a long, difficult construction process, with loans, work delays because of the historical status of the building, and finally, a dilemma over the type of cuisine we would serve. Since the building was an American landmark but my specialty was Italian cuisine, we were unsure of which type of cuisine to feature.

After a few grueling months, an eclectic cuisine was chosen, and the construction projects finished up. On July 8, 1998, we opened our doors and Ho-Ho-Kus town officials attended our grand opening with high expectations for an iconic landmark they had always highly regarded.

But it wasn't until we finally opened for regular business that we realized how difficult it was to serve customers. Because of its landmark status, I could not change too many of the building's features. The building was old, so there were many tiny rooms, there was no handicap bathroom, and certain facilities were not very usefully located.

Nonetheless, the Ho-Ho-Kus Inn had many beautiful rooms. My favorite was named the Crystal Room located just off the main foyer. This old-fashioned, elaborate dining area featured a beautiful crystal chandelier in the middle of the room, golden sculptures of angels along the walls, and expansive windows running the length of the floor. President Nixon had his special table in the Crystal Room when the original French restaurant was in business, and every patron who came in wanted to sit in this room, some even insisting that they would absolutely not sit anywhere else. This made it difficult to function as the room only had space for 42 seats, but we made efforts to please our customers as best as we could.

Since it was well known that I also owned Marcello's Ristorante in Suffern which featured Italian cuisine, many customers asked me to serve Italian food at the Ho-Ho-Kus Inn. In 2000, after two years of serving eclectic cuisine at the Ho-Ho-Kus Inn, I decided to instate a similar menu to that of Marcello's, and we changed the official name of the restaurant to Marcello's at the Ho-Ho-Kus Inn.

We had had success with the assorted menu, but I knew that we could better satisfy our customers by focusing on Italian cuisine.

In order to make this change official, I invited good friends of mine, Agatha and Romeo, who owned a Michelin-star restaurant in Rome to be feature chefs for a celebration. Agatha prepared some spectacular authentic Italian dishes for our three-day event. With this change, the restaurant started to generate good reviews based on the merits of its cuisine.

Into the Millennium
We entered the year 2000 with all three businesses operating very well. From our first experiences with Marcello's in Suffern, we had learned that the base of the first ten years of operation was necessary in order to make the expansions of the other two operations successful. Afterward, we achieved a great expansion with our subsequent businesses and we continued to build on our blossoming clientele base.

And then one morning, the world was turned upside down. Families from Ho-Ho-Kus to Suffern, from Bergen to Rockland County, from Westchester to New York City – all felt the pain of September 11's losses. This effect rippled to touch everyone in the community, and we shared our neighbors' grief, shock, and stinging sense of loss.

An Unusual Story
On September 12, 2001, I was working at Marcello's in Suffern attending to a party of six customers who normally required an extra dose of attention. Unfortunately, one of our waitresses working that afternoon was feeling distracted by the previous day's events and she made a careless error with one of the orders. When one of the customers was not pleased with the fish we served

her, we told her we would remake the dish. This meant at least twelve minutes of preparation.

As we scrambled to prepare the fish, the woman became agitated, repeatedly demanding to know where her meal was. At one point, she even told us to "forget it," saying that she just wanted to take the dish home. Then she called the waitress back, this time telling her that she no longer wanted the dish.

At that very moment, I had finished cooking the fish, so I brought it out to her directly. When I approached the table to express my apologies, the woman looked at me with an extremely annoyed expression and shouted, "I don't even want this!"

I acted on impulse because of all the stress of the day before, and I burst out, "Madam, with all the stress we will carry with us after yesterday, why would you act this way?!"

I don't know if it was right to act so openly, but at that point I knew this customer would never come in again. Perhaps she could find another restaurant that would service her extra needs, but we certainly didn't appreciate her disregard for our hardworking staff.

Chapter Four:

Rebuilding and Renewing After September 11
After September 11, everything halted to a standstill. No one was traveling or eating in restaurants and morale was low. With three restaurants still under my ownership and responsibility, I seriously considered closing Marcello's in Suffern to concentrate solely on the Ho-Ho-Kus Inn.

In addition to financial concerns, I had the problem of the deli next to Marcello's that attracted a lot of young kids hanging out in front. This reduced the appeal of the high dining experience we wanted to provide for our customers. But after discussing my intentions of leaving Suffern with the mayor of Suffern and DARE Officer Clarke Osborn (now the police chief of Suffern), I was somehow convinced to consider buying the remaining months left on the lease of the deli. This

led me to think about overhauling Marcello's, and once started on this new venture, my optimism was renewed for the restaurant's future.

This new project now in the works, I bought the rest of the lease, and started brainstorming ideas of how to use the latest addition to my building. Marcello's Ristorante didn't have tenants anymore, so I was free to use the entire space as I wished. I started by designing a new party room and a full-size bar. There was an oddly shaped space in the back which, after careful consideration, I realized would be optimal for the cooking studio that I had always wanted. I put together a budget, put the building down as collateral, and on May 17, 2002, we celebrated with the mayor of Suffern, Mr. Howard Glinsky, and Rockland County Legislator Ellen Jaffee, now a New York State assembly member. They presented me with a plaque proclaiming that day to be "Marcello's Ristorante Day" in Rockland County.

Over the next eight months, the local economy slowly regained strength and with the new addition under my wing, I was ready to take on opportunities that I had been unable to accommodate before in the smaller space. I could hold larger parties, especially for those who requested music and dancing, and corporations were able to hold seminars with the added feature of a full bar. The most impressive addition to the restaurant was my chef table and cooking studio because those facilities were a unique setup in Rockland County. Instead of going to customers' homes or holding classes in my kitchen, I was now able to hold cooking classes and dinner parties for up to twelve guests. I could prepare a special menu with wine pairings and actually cook meals before my customers' eyes!

And with the added cooking class aspect, I was able to simultaneously teach authentic Italian culinary techniques to my customers and prepare entire meals for them to enjoy.

Ciao Italia's 2002 Convention
During the Ciao Italia association's convention in Italy in 2002, I was invited once again to Rome to

meet the president of Italy, Azeglio Ciampi, and the ministers of agriculture. I had never thought that I would meet the president of Italy, and now I was meeting a second Italian president. This was above and beyond any expectations that I had had for my career and, of all the honors I received, this meant the most to me. Not only was it awe-inspiring to meet these powerful people, but it meant a lot personally to walk through the halls of the palace because my family had always held enormous respect for what the palace stood for.

The convention in Rome went well despite the usual highs and lows of any conference. The biggest problem with our convention was the issue of trying to involve members of government in an overhaul of the representation of Italian cuisine abroad.

We felt it was important to bring together Italian restaurateurs located all over the world and encourage them to think beyond their individual successes. The president of Ciao Italia, Onorevole Bartolo Ciccardini, always said that Italian restaurateurs abroad were Italy's biggest pride and export industry as they represented the country like mini ambassadors scattered all over the world. But the Italian government still was not using this opportunity to its fullest possible advantage.

Ideally, we wanted to ensure that when a product was listed as "Italian," it had actually come from Italy. If not, any chef might use cheaper imitation products and pass them off as Italian, while authentic Italian restaurants lost revenue because they were using more expensive but authentic Italian products. To this day, it still remains Ciao Italia's president's biggest concern that the Italian government and Italian chefs around the world are not united in promoting authentic Italian cuisine and culture.

New Ownership for Caffé Dolce
The year 2002 went very fast and business was booming. I was surprised by how well my new renovation at Marcello's was received. My customers were happy about the increase in space, and the loitering problem was eventually resolved

because once the deli was no longer functioning next door, teenagers stopped hanging out in front of the building.

In the meantime, while I remained very busy with Marcello's and the Ho-Ho-Kus Inn, my partner at Caffé Dolce asked if I wanted to sell him my shares in the café so he could move the business in a new direction with his son. I understood his desire to establish a business he could pass down to future generations, so I accepted his offer, sold my shares to him, and wished him the best for his new venture.

Becoming an Author
By 2005, it had been a few years that my new expansion at Marcello's experienced continuous success. I was approached by a local publisher who knew my restaurants and invited me to write a cookbook with him. I was very honored by this idea, and being that my cooking studio was doing well, I thought a cookbook would be a great next step. After a few weeks of feverishly gathering recipes and drumming up excitement for a cookbook project, the publisher completely disappeared. By then, though, I had already told customers about my upcoming cookbook, so I felt compelled to follow through despite this major setback.

With a sense of determination behind me, I called a few publishing houses to see if they were interested in publishing my cookbook, but none of them expressed significant interest. Yet with the help of my cousin, Milly Iacono, a graphic designer, I decided to be my own publisher. Trust me, I had to research everything involved in how to publish a book. It took me seven months to write the entire book—and I still feel cramps in my neck from all the research and work I put in on the computer, sometimes even working until three in the morning!

Eventually the concept came alive and I named the book *Salt, Pepper, Love and Creativity*. I didn't want it to only be a cookbook, so I also created an accompanying wine guide that included important descriptions of wine. This was necessary so that any amateur cook could understand key terms such as *barolo and chianti* and use the guide to pick out complementary wine for any meal. With the help of professional wine photographer Anna Pakula, I also included exquisite wine photography to complement the descriptions and recipes.

In the end, I invested a total of $80,000 of my own money to create the book and I printed 10,000 copies, each with a beautiful hardcover binding. I was concerned that the book would not sell enough to break even financially, but with my great optimism, we were able to sell enough to recuperate the capital. In the end, we were also able to give complementary copies to customers on special occasions, and we also donated many copies to charities.

Soon after the publication of the cookbook, I became very busy with book signings. I managed to have my book sold in a local Barnes and Noble, the Rizzoli in New York City, small local bookstores in New Jersey, and even at Chef Central in Paramus.

With this success in place, the only thing missing was a television show. That's when I met Ornella Fado, a producer of the "Brindiamo!" television program, a cooking show shown on the New York City channel NYC-TV. Ornella's show concept was to feature an Italian chef, interview him about his background and restaurant, and then step into the kitchen to help him demonstrate his signature dishes. Together we produced a segment showing both Marcello's of Suffern and the Ho-Ho-Kus Inn. We filmed a brief conversation outlining my education and various experiences as a chef, and then we filmed a demonstration at the cooking studio in Marcello's at Suffern. To my delight, the show was made into a DVD and aired many times in the tri-state area.

This television appearance was important to me on many levels. First and foremost, it helped me look back on the range of my different successes and reflect on the long journey I had taken from arriving from Italy with little more than an idea in my head, and eventually spanning out not only to achieve success in the culinary world, but also to become a well-known entrepreneur. To this day, many people still come to my restaurants and tell me they first heard about me from Ornella Fado's television show and were curious to taste my cooking and see my restaurants for themselves.

An Unusual Story

For many years, a certain couple came to dine in one of my restaurants on a regular basis. Each time they came, they would call ahead to ask for the specials of the day. Yet when they ultimately decided what to eat, they always ordered the same dish regardless of the specials offered that day. Variety was not their thing.

This didn't bother me, of course. I respected their choice to eat the same thing each time, but I didn't understand why they called for the specials and then never ventured to try them. And the one thing that went so far as to irritate me was their habit of complaining. When I was in the restaurant, they always told me the food was superb, praising the dining staff and my work in the kitchen. Yet, without fail, whenever I was not in the restaurant, they would complain: the food was too salty, the fish too chewy.

One day when I happened to be in the restaurant, the couple called and made a special request for red snapper. This was a huge surprise – a different dish! But on that particular day, the regular fish shipment had not come in. Instead, I had received a sample of a special snapper from Hawaii.

This was not exactly the snapper the customers requested, and I personally was not very familiar with this type of fish. As soon as the couple arrived, I explained the situation, and I assured them that I was willing to cook the fish and they could try it to see if they liked it. They agreed, and as soon as the fish was sent out to them, I went into the dining room and asked them what they thought of it. They smiled politely and told me it was fine.

At the end of the meal, a server went to clear the table and the couple loudly complained that the fish had been was worse than bad. "It was awful," they said with visible disgust.

The server rushed into the kitchen and reported the couple's reaction. Because of the four years of frustration I had undergone trying to please this couple every week for a measly $40 bill, my patience broke. I walked briskly into the dining hall and addressed the couple directly.

"You told me the dish was excellent. Why lie to me and then tell my waiters it was bad? These meals are nothing but therapy for you," I said.

With everyone in restaurant now watching with curiosity, I continued, "Don't come and eat here if this is how you will act."

I will always remember that moment. Afterward, my wife insisted that I not react so strongly to customers, but I still feel that, after all those years of patiently serving the couple, what I said was small compared to the stress they had caused me.

Chapter Five:

Turnover and New Business Deals

By this time, the combined success of my cookbook and the release of a DVD of my appearance on Ornella Fado's show had allowed my chef table and cooking classes to become popular.

On the other hand, conflict brewed in New Jersey as my business partner at the Ho-Ho-Kus Inn was not pleased with the revenue that the inn was generating. Being that my partner was not a hands-on worker, I needed more employees to run the restaurant, and these extra positions cut into our total profit. To make my partner happy, I offered him a buy-out so that he could find another opportunity that would work better for his managerial style. An agreement was made, and I was glad that I would feel more comfortable to run the restaurant without the pressure of a partnership.

My goal for the Ho-Ho-Kus Inn was to keep it for ten years and sell it by the time I reached the age of 50. After nine years of ownership, I received a phone call from a chef representing a steakhouse

interested in buying the Inn. I met with the owners of the steakhouse and they made an offer to buy the restaurant. But I remembered that a few years before, one of my customers had mentioned that when I was ready to sell, he would be very interested in buying the Inn. Like I said, I wanted to sell the restaurant only after 10 years of operation and at the age of 50, but now suddenly seemed like a convenient time to sell because multiple lucrative offers were being presented to me at once. This created a dilemma: to sell or not?

After many sleepless nights, I decided to toss a coin. My decision would be as simple as that: heads or tails. Coin flipped, the decision was made to sell the Ho-Ho-Kus Inn. Because I had originally given my word to the special customer who had expressed interest in the business years before, he had the first chance to buy. After negotiating the price, a good offer came up between us and the sale was finalized. I had some regret because when I sold the restaurant, I had to sell it as it was. If I had sold it to the steakhouse, they would have completely changed the concept. In keeping the restaurant the same, it created a degree of competition between Marcello's in Suffern and the Ho-Ho-Kus Inn. But because I given my word, I stuck with my decision.

I also had a bit of doubt for the restaurant's future since the new owner had very little experience in the restaurant business. I asked him many times if the restaurant business was right for him, but he insisted that it was. With personal guarantee, the security of the liquor license, and a good amount of money down, I finally accepted the offer. The day we sold the Ho-Ho-Kus Inn was the happiest day for my wife because she had juggled all the bookkeeping for both restaurants!

More *Ciao Italia* Visits to Rome

In 2007, I was once again invited to Rome on behalf of the Ciao Italia association. This time there was a special visit arranged with the president of the Italian Republic, Giorgio Napolitano and *Onorevole* Fausto Bertinotti, speaker of the Italian House of

Deputies. As this was the third time I was invited to meet with the Italian government, I felt extremely honored and also very responsible for contributing to the progress of our national cuisine. The topic for discussion remained the same as it had during our previous visits: How could we improve the quality of Italian food abroad? This time, we were able to have more productive conversations about maintaining authenticity and ensuring that customers knew if the food they were eating was actually Italian or just modeled on traditional Italian cuisine.

I left Rome feeling happy to have shared wonderful dinners with all of our international members and with renewed hope for our goal of improving Italian food throughout the world.

Becoming an Actor

One afternoon of 2008, film director Derick Martini stopped by Marcello's in Suffern. Out of the blue, he asked me if I would prepare food for some scenes in his upcoming movie called Lymelife. He told me that Lymelife would be a dark comedy filmed locally with an all-star cast. As the movie would have multiple scenes featuring food, he came to me to ask for my services.

One of these scenes was a bingo night in a church that featured a large buffet, while another scene was a confirmation party in a family's backyard. I even had to burn a turkey for a scene in which Jill Hennessy burned her turkey dinner! Do you know how hard it is to burn a turkey? No matter how long I kept the turkey in the oven, it wouldn't smolder, so I improvised and covered it with caramelized sugar in order to get the effect needed for the scene.

For my services, Derick promised to give me proper credits at the end of the movie. I agreed, but then a few days later, he asked me if I wanted to actually make an appearance in the movie. He needed an Italian-speaking priest for the bingo scene. He asked me to make up my own lines when speaking to a character named Sister Margarita and telling her that she had made the wrong type of lasagna. I was also in the backyard confirmation party scene dancing

with one of the guests. We shot that scene in someone's backyard in Ho-Ho-Kus and it took more than five hours on a very cold night!

Since I had a speaking part, not only was I paid for this service, but I was also able to apply for a Screen Actors Guild card. There are many, many striving actors who would love to have that card, so this was impressive to me.

I immensely enjoyed this whole experience. I learned that in the movie-making business, plenty of patience is needed. The only disappointment that I had was that Derick had to cut the film by a half hour, so, as I found out at the premiere in Paramus, only my hand was included in the confirmation scene footage. I missed out on the grand premiere red carpet experience in  New York City since I was in Italy, but I did get to meet Alec Baldwin, Jill Hennessy, the Culkin brothers, Emma Roberts, Cynthia Nixon, and this experience remains extremely memorable for me.

A New Opportunity in Nutley, New Jersey

With the Ho-Ho-Kus Inn out of the picture, I was left with only one restaurant under my responsibility. Soon after I had settled back into focusing on Marcello's in Suffern, a friend of mine who owned a small restaurant without a liquor license called insisting that I help him improve as a restaurateur.

When I visited him at Via Brera in Nutley, New Jersey, I saw a restaurant in distress: the kitchen was poorly managed and the dining room was completely disorganized. My friend just didn't know any better and he had been relying on the advice of his hired chef. He offered me a portion of the profit but I couldn't agree to operate in those kinds of conditions. My friend didn't want to invest any more of his personal money into the business, so I offered to put some money in to make the place more operable. This was a situation like those featured on Gordon Ramsay's show "Kitchen Nightmares." Believe me when I say that the scene in the kitchen was exactly the type of disaster area you might see behind the scenes on one of Ramsay shows!

After one month of reorganization of the premises, the new restaurant was ready to serve customers again. To my pleasure, the place started to function like a proper restaurant. But after a few months, we discussed the situation and despite my friend's good intentions, he had to admit that he wasn't cut out to work in the restaurant business.

Nutley is a quaint town with a large Italian population, and when they go to a restaurant, they want to enjoy a warm and friendly Italian atmosphere. Since I was just consulting for Via Brera, I could only put so much into it. I made a few errors by not understanding what the community was expecting in a restaurant. Perhaps my prices and portions were not what customers expected, but certainly the quality of cuisine was authentic and enjoyable. We could have survived the issues of price and portion if the management had been secure, but when the 2008 recession took a turn for the worst and my partner started skimping to save a few dollars here and there, the business suffered financially. In the end, I took him aside and told him he had no choice but to sell the *trattoria*.

At that point in the recession, the real estate market was weak. After many failed attempts to negotiate with potential buyers, I took it upon myself to help my friend with his burden. No one wanted to buy the place, but I didn't want to close the restaurant under my supervision. Instead of giving up, I suggested that I buy the business and take complete control of it. I took a new business partner and we began to think of ways to successfully move the restaurant in a new direction.

By bringing in a new investing partner who was also a full-time employee, we took the challenge on in full force. We started by a choosing a new name to mark the turn-over in management. Next door was a nursery run by sisters of a local convent, and one day when I was there explaining the name dilemma, one of the sisters asked me what my mother's name was. When I told her it was Vittoria, she exclaimed, "Mamma Vittoria!" My new business partner Abe was listening next to me, and he immediately agreed that it was the perfect name for our new restaurant . . . so Mamma Vittoria it was!

In November 2009, after a few weeks of remodeling, we held our grand opening celebration with local store owners and town officials.

We didn't know if we would ultimately be successful, but we resolved not to repeat any old mistakes. My partner Abe greeted everyone in the restaurant as warmly as if they were entering his home, and just as with Marcello's Ristorante in Suffern twenty-four years before, we started to build a strong foundation of faithful customers.

Mamma Vittoria Today
Now just a year after the opening of Mamma Vittoria, we consider ourselves very lucky to have survived the recession thus far. The bagel store next to us was not as lucky; its owner recently was forced to shut his doors and we were very sorry to see him go. But this also meant a new opportunity for us to consider. Being that we had a catering room in the back of the restaurant that seemed small for the large parties we were holding, we asked the landlord if we could take over about 700 square feet of his property in the back of the bagel store.

As we planned this new project, I had a moment of déjà-vu from when we first took over the space next to Marcello's in 2001. Using what we had learned from our early experiences with Marcello's, I knew it would be best to grab this opportunity while it lasted, even if the economy was not very strong. I believe firmly in taking reasonable chances, and even if the local economy was still slower than usual, I had faith that it would recover and this extension would later prove useful.

After reaching an agreement with the landlord, we recently began construction efforts, and we are currently on the way to expanding our back catering room. This gives me hope and continued motivation. By improving our presence in Nutley, I hope we will establish a beloved community staple to be enjoyed by future generations.

An Unusual Story

One day, a gentleman called Marcello's in Suffern to make a reservation for a party of fifteen. I recognized his name and I knew he had been to the restaurant many times, so I didn't ask for a deposit. A few days later, he called again, this time saying he wanted a very nice menu, including lobster and filet mignon.

"Make it the very best you have," he emphasized, noting that money was not an issue. He also said that it would now be a party of thirty. Although we usually require deposits, he seemed very serious and I felt that I could trust him.

A few weeks went by, and two days before the party, the gentleman called again and made additional changes to his reservation. Now there would be fifty people attending, and they would need very good wine to go along with the meal. The maître d'hôtel agreed and once again, he assured the man that all efforts would be made to ensure that the dinner was a success.

On the day of the party, we received another call from the gentleman. This time, he told the manager specifically to tell me that if I helped him with the party, he would have a nice gift for me.

"I would love to have a DJ for tonight, and again, I don't care about the expenses," he said. We were taken aback by such a last-minute request, and the maître d'hôtel told the man that it was very hard to find a DJ three hours before a party on a Saturday night, but the man insisted, so I agreed to call around and try to find a DJ.

After calling and calling my contacts without any success, I finally found a DJ who agreed to cover the party at a fee of $700. Sighing with relief, we made sure everything was set and at 7 p.m., with the DJ setting up in the back, a few guests started trickling into the restaurant.

The gentleman and his family came into the restaurant a few minutes later, and the man came over to me. Coming up closely, he said, "You are going to love the gift I'm giving you. After you see it, we're going to be family." I was taken aback. I had no idea what he was talking about,

and I didn't particularly want extra pressure hanging over my head, but I smiled politely and left him to greet his guests.

The party was supposed to be a send-off for the man's son who had just graduated from college and was leaving for a year abroad, but by 8 p.m. the son still had not showed up. Another half an hour went by and the son was still nowhere to be found. It was a strange situation to say the least, but by 8:45, I finally suggested we start the meal anyway. The gentleman agreed, and the party was soon underway.

At the end of the meal, with the son still missing, the gentleman called the guests around his table and made a show of handing out gift certificates. When the guests saw what was printed on the certificates – promises of flat-screen televisions and home theater units – they were delighted but slightly confused. They laughed nervously and waved the certificates around, trying to make sense of what had just happened.

The man finished handing out the gifts to his guests and even to some of the serving staff, and then he called me over. Presenting me with a gift certificate for a 52-inch flat screen television and home theater unit, he told me that after the wonderful party I had thrown him and his guests, he wanted me to enjoy the best gift he could give me. I thanked him profusely, but the moment was tinged with peculiarity. It's not everyday that guests in my restaurants give out gifts of such size by the dozen, and I had definitely not expected any extra sort of compensation for the party. Nevertheless, it was extremely generous and I was pleased that he had so greatly appreciated the night.

By the time the night had finished and guests were gathering their items to leave, the gentleman called over the maître d'hôtel. "Look," he said quietly. "I forgot my wallet. Do you mind if I stop by tomorrow and pay for the meal then?"

The maître d'hôtel came and found me to explain the situation. Normally, customers must pay before leaving, but I turned the situation over in my mind. I had met this man several times before and, despite the eccentricity that he had displayed that night, he seemed like an honest, good man. While it was definitely strange that he had given out gifts in mass at his own son's going away party, when guests asked him why he had done so, he replied that he had wanted to throw his son a celebration of a magnitude he would always to remember. This made sense to me, and I felt bad about insisting on the check while everyone was in such high spirits at the end of the night.

"No problem," the maître d'hôtel told the man. "Come by tomorrow and we'll take care of everything then." The man agreed to do so and thanked him.

The next day, we waited and waited but we didn't hear from the man. *He's busy*, I told myself.

Monday came and went, and still there was no sign of the gentleman. By the evening, I picked up the phone to give him a call. He answered right away and we had a friendly conversation. "Sir, how would you like to pay for the party?" I asked him at the end of the conversation.

"What do you mean?" he answered. "Didn't my daughter pay you?"

"No," I replied. "You asked the maître d' if you could come back the next day to pay."

He apologized profusely and promised that he would send his son to pay for it the next day.

The next day went by and no one came to pay. I called the man at the end of the day, and at first he answered politely, but then suddenly his voice rose.

"I gave a credit card to the maître d'!" he practically shouted. Each time I tried to deny having received any credit card on the night of the party, he shouted over my voice and called the maître d'hôtel a "thief," alleging that he had "framed him." Finally by the end of the conversation, he calmed down and promised me that someone would come the next day to pay the check.

At this point I was suspicious. How many times would he make a promise, and then completely disregard what he had told me?

In the morning I checked my messages and, to my surprise, I had received a message from the gentleman. He apologized, asking me if I would ever want to do business with him again because of the way he had spoken to me the day before.

"But I will hold another party with you because you are the maestro," he said in his message. "I'll be having these parties every few months, but only on the condition that that waiter does not serve my table. And I have your money. Call me back."

Confused, I called him back right away. Again and again, I tried his phone line, but it was always busy. The same phone that days before had been available each time I called was now busy for days on end. After several days, knowing that the man had already changed his story several times, I called the store his gift certificate was made out for so I could verify if he had a habit of scamming businesses. Just as I had suspected, the store informed me that the man had called and inquired about the televisions, but he had never actually bought any gift certificates or products. The gift certificates were only a figment of his imagination – he had printed fake certificates.

I wondered if I should call the police, but I felt wrong taking such drastic measures. Was that really necessary? I just wanted to talk to the man and see if we could reconcile what had happened. Using the information I knew about the man, I drove to his neighborhood to see if he even lived at the address he had given me. I found his house easily; his name was marked on the mailbox and his front door was hanging wide open.

Approaching the house, I saw a carpenter working on the front steps. I asked him if he could help me find the gentleman, and he went inside to inform him that I was there.

Shockingly, the man gestured me warmly into the house as if I were an old family friend. In response to my questions about the payment, he went to check his banking information on his computer. "I have $80,000 in my bank here," he told me. His face suddenly changed. "What the hell are you doing in my kitchen?!" he screamed. "Get out!"

After this incident, I went straight to the police. I made a larceny accusation and the police took the complaint, but they told me they weren't sure how much they could do at that point. After a few weeks of calling the station and asking about the status of the case, the police informed me that the man had been put into a mental institution. Knowing that I had few options left, I contacted a member of the man's family, half-expecting to never hear back from them.

To my shock, a few days later I received a phone call from a friend of the man's family saying he was very sorry and that he was personally trying to resolve the man's many troubling financial situations. He promised to send me the money the next day.

"Is this another joke?" I asked in disbelief. The man assured me that he was not joking in any way. After asking him to send a bank check just to be sure, I told him that if he actually sent the payment, I would cancel the official complaint I had filed with the police.

Days later I received a valid bank check, and I let the case drop. But in all of my 25 years in business, this was the strangest customer interaction I have ever had.

2011: The 25th Anniversary of Marcello's Ristorante in Suffern

The year 2011 marks a quarter century of Marcello's in Suffern. This means a lot: we have seen the passing of more than two decades and we have done more survive – we have prospered!

To honor this occasion, we put our heads together to think of a celebration that would somehow mark this year as special and significant. The idea of writing a book seemed like a way to commemorate the many years of fostering warm relationships with our customers; a book written for our customers would reach out to them and explain the decisions and situations we have faced behind the scenes. It seemed clear to me that the best way to appreciate all the ups and downs of the past 25 years would be to write down my experience and share it.

Now with yet another project started, I juggled Marcello's Ristorante, the extensions at Mamma Vittoria, and of course the grand celebratory event to be held to mark the twenty-fifth anniversary of Marcello's. Handling several projects at once is challenging, but with the experience of the past and with tenacity, creativity, and great optimism (even when it is hard to be optimistic), we continue moving forward with the belief that these projects will result in great satisfaction.

Approaching the publication of this book, we have yet to announce official plans for the twenty-fifth anniversary celebration event, but we are busy cooking up exciting arrangements for a special event to be held in June 2011.

Looking Back and Looking Ahead

It hasn't been easy, but I've learned an enormous amount from the past twenty-five years. Above all, I have learned that no success comes without first taking an initial step. I have also learned that no projects advance without some fighting spirit. Even with the tough economy we face, I'm very proud of the extension we have undertaken at Mamma Vittoria because I've always striven to take chances worthy of struggle.

Along the way, I've also tried to retain a deep appreciation for what I already have; I strive to recognize the many blessings I have received. Starting as a young boy running espressos from store to store for local cafés, I've tried to have enough patience to advance in measured steps, and I hope to always learn from my experiences, whether they have successful or more mixed results.

Next year we will to continue to improve by becoming more energy efficient and by revamping our menu at Marcello's to continue to cater to our ever-expanding customer base. I am grateful for all that we have achieved so far, and I am excited for the many great moments to come.

Success is luck… Ask any failure!

"*My customers always ask me about my favorite Italian dishes. There are so many dishes that I enjoy, but not all of them are very well known in the U.S.*

In this section, I have included my twenty-five favorite dishes, and I hope that my customers enjoy them as much as I do."

I clienti mi chiedono sempre dei miei piatti italiani preferiti. Ci sono tanti piatti che mi piacciono, ma non tutti sono molto ben conosciuti negli Stati Uniti

In questa sezione, ho inserito i miei 25 piatti preferiti, e spero che ai miei clienti piacciano tanto quanto a me.

Favorite Recipes

Chicken Liver Pâté with Crostini

Serves 4

8 oz. chicken livers, cleaned well
½ small onion, chopped
2 oz. extra virgin olive oil
2 oz. capers
1 anchovy filet
1 oz. chopped parsley
2 oz. chicken stock, vegetable stock, or water
8 slices of Italian bread lightly grilled or toasted
salt & pepper to taste

Sauté the chopped onions in olive oil for 1 minute, then add the chicken livers (make sure that chicken livers have no nerves and are completely clean).

Stir-fry the livers with the onions, and then add the capers and anchovies. Let the livers cook for approximately 3 minutes, or until the liver is cooked through but not overcooked. If the liver appears dry, you may want to add a little chicken stock to moisten it.

Turn off the stove and allow the livers to cool for a few minutes. Purée the mixture in a food processor or blender until very smooth. Add the chopped parsley and transfer the pâté into a bowl.

You can spread the pâté on crostini or line the edge of the serving bowl with crostini. This dish can be served either cold or at room temperature.

Pâté di Fegatini Di Pollo con Crostini

Per 4 persone

230gr di fegatini di pollo
Metà cipolla piccola, tritata
4 cucchiai di olio extravergine di oliva
60gr di capperi
1 filetto di acciuga

30gr di prezzemolo tritato
60gr di brodo di pollo, vegetale o acqua
8 fette di pane tipo ciabatta o tipo pugliese
   leggermente grigliato o tostato
sale e pepe quanto basta

Fate cuocere l'olio d'oliva e la cipolla in una padella per 1 minuto. Aggiungete quindi i fegatini di pollo puliti (assicurarsi che i fegatini di pollo non abbiano i nervi e siano completamente puliti).

Fate soffriggere il fegato con le cipolle ed aggiungete i capperi e le acciughe. Fate cuocere per 3 minuti fino a quando il fegato è cotto, ma non troppo cotto. Se il fegato tendesse ad asciugarsi troppo, dovreste aggiungere un po' di brodo.

Togliete il composto dal fuoco e lavoratelo nel robot da cucina o nel frullatore fino a quando non diventa molto fine. Aggiungete il prezzemolo tritato e mettete il paté in una ciotola.

Disponete i crostini attorno alla ciotola e servite in tavola. Se preferite, potete servire i crostini già spalmati di paté. Questo è un piatto che può essere servito sia freddo che a temperatura ambiente.

Wine suggestion: Frescobaldi Nipozzano Chianti Riserva
http://www.frescobaldi.it

Octopus with Capers, Black Olives, Cherry Tomatoes & Saffron Potatoes

Serves 6

1 lb. octopus
4 oz. chopped onions
3 oz. cherry tomatoes
1 oz. capers

1 oz. black olives
1 oz. chopped parsley
6 tbsp. extra virgin olive oil
10 oz. saffron potatoes cut in small cubes

Saffron potato preparation
Cut the potatoes into small cubes and cook them in cold water for 15 minutes with a pinch of salt and saffron. The saffron should be just enough to give it a little flavor. Bring to a boil and cook until fork tender. Drain the potatoes and set them aside for later.

Octopus preparation
Poach the octopus in lightly salted water until tender. This will take around 1 hour of simmering. To test when the octopus is ready, stick a fork into the octopus: if it goes in easily this means that the octopus is ready. Remove the octopus from the flame and allow it to cool off in the same water, then drain and cut the octopus into small cube-like pieces.

Heat extra virgin olive oil in a sauté pan. Add onions, potatoes and octopus, and cook for 2 minutes, stirring occasionally. Then add parsley, tomatoes, and capers and cook for 1 more minute.

Add a little salt and pepper to taste. Place octopus on a plate, drizzle with extra virgin olive oil and garnish with a little chopped parsley on top. This dish should be served warm. You can lay the octopus on a bed of arugula or other mixed greens.

Polpo con Patate allo Zafferano

Per 6 persone

500gr di polpo
120gr di cipolla tritata
90gr di pomodori ciliegina tagliati a metà
30gr di capperi
30gr di olive taggiasche o di Gaeta

30gr di prezzemolo tritato
300gr di patate allo zafferano tagliate
 a piccoli cubetti
6 cucchiai di olio extravergine d'oliva
sale e pepe

Preparazione delle patate allo zafferano
Tagliate le patate a cubetti, mettetele a cuocere in acqua fredda per 15 minuti con un po' di sale e un poco zafferano, utilizzato solo per dare colore. Scolatele e mettetele da parte per poi usarle con il polpo.

Preparazione del polpo
Fate cuocere il polpo in acqua fredda per un'ora.

Provate con una forchetta la cottura del polpo: se la forchetta affonda facilmente significa che il polpo è tenero.

Spegnete il fuoco e fate raffreddare il polpo nella propria acqua.

Pulite quindi il polpo e tagliatelo a cubetti.

In una padella antiaderente aggiungete l'olio e la cipolla, fatela soffriggere per qualche minuto, poi ggiungete il polpo, le patate, i capperi, i pomodori e le olive. Fate cuocere il tutto per qualche minuto, quindi servite caldo con un po' di prezzemolo tritato. Questo piatto può essere servito su di un letto di rucola.

Squid with Chickpeas & Arugula

Serves 2

4 shrimps
10 oz. octopus
1 tsp. fresh thyme
salt and pepper
3 oz. arugula
2 oz. cherry tomatoes

4 oz. poached chickpeas
3 oz. vegetable stock or water
extra virgin olive oil
½ small onion (chopped)
4 pieces of grilled crostini

Sear the shrimp and calamari rings in a sauté pan with a little olive oil for 2 minutes and then remove from the pan.

In the same pan, add a little more oil and the chopped onions. Cook the onions for 1 minute, then add tomato, thyme and chickpeas.

Season with salt and pepper. Add the calamari, shrimp, arugula, and the vegetable stock. Toss everything together.

Serve hot with grilled Italian bread.

Wine suggestion: Planeta Chardonnay, http://www.planeta.it

Calamari e Gamberi con Ceci e Rucola

4 gamberi
300gr di calamari
1 cucchiaino di timo
sale e pepe
90gr di rucola
120gr di fagioli cannellini

90gr di brodo vegetale
olio extravergine d'oliva
mezza cipolla tritata
60gr di pomodorini tagliati a metà
pane per crostini

Con un poco di olio fate saltare in padella per 2 minuti i gamberi e i calamari tagliati ad anelli. Salateli e pepateli e metteteli da parte.

Aggiungete nella stessa padella altro olio e la cipolla, facendola soffriggere per qualche minuto. Poi aggiungete il timo, i pomodorini ed i ceci. Mescolate bene il tutto, condite con sale e pepe. Aggiungete quindi il pesce, il brodo e la rucola.

Fate scaldare il tutto e servite su crostini di pane grigliati.

Stuffed Polenta with Four Cheese & Sautéed Mushrooms   Serves 6

1 cup polenta
  (if instant polenta, cooking time is 10 minutes)
6 cups chicken stock
½ cup heavy cream
1 tbsp. butter
1 oz. Mascarpone
1 oz. Gorgonzola

1 oz. Fontina
1 oz. Parmigiano
24 oz. of mixed, sliced mushrooms
parsley, chopped
4 oz. extra virgin olive oil
4 cloves garlic
salt and pepper

Make polenta:
Place the chicken stock, cream, butter, salt and pepper in a heavy saucepan and bring to a boil. Next add the polenta to the saucepan. Cook for 40 minutes or until done. Lineup six (6) 3-inch diameter foil ramekins. Pour the polenta into the ramekins halfway and put a piece of the cheese mixture on top (recipe follows). Pour the remaining polenta over each piece of cheese to the top of the foil ramekin. Cool to room temperature and then bake for 15 minutes at 400°F degrees.

Make cheese mixture:
Blend all of the cheeses together and place on a piece of plastic wrap. Wrap the mixture up in the plastic and roll to form a log. Place in the refrigerator until firm. Once the log is firm, cut it into 6 equal pieces.

Make mushrooms:
Heat half cup extra virgin olive oil and two cloves of garlic in a large sauté pan. Add 24 oz. of mixed sliced mushrooms and sauté for 3-4 minutes until soft. Add salt and pepper, chopped parsley and serve next to the polenta.

Wine suggestion: *Cesari Jema, http://www.cesari-spa.it/*

Polenta Farcita ai Quattro Formaggi e Funghi Misti   Per 6 persone

225gr di polenta
1 litro e mezzo di brodo vegetale o di pollo
115gr di panna
1 cucchiaio di burro
30gr di Mascarpone
30gr di Gorgonzola
30gr di Fontina

30gr di Parmigiano
700gr di funghi misti tagliati a fette
prezzemolo tritato
150gr di Olio extravergine di oliva
aglio
sale e pepe

Preparazione della polenta

Fate bollire il brodo, aggiungete la panna e il burro, quindi aggiungete la farina poco alla volta, mescolando con un frustino. Se la polenta è del tipo rapido, occorrono soltanto 10 minuti di cottura, altrimenti la cottura avviene in 40 minuti. Aggiungete sale e pepe. Appoggiate Su un tavolo 6 piccoli contenitori di alluminio, riempiteli a metà con la polenta che avete preparato. Metteteli subito dopo nel congelatore per qualche minuto, dopodiché toglieteli dal congelatore, aggiungete il formaggio e ricoprite con il resto della polenta. Mettete in forno alla temperatura di 200°C per 20 minuti e servite con i funghi trifolati.

Preparazione dei quattro formaggi

Amalgamate i quattro formaggi in un robot da cucina. Con il ripieno così ottenuto formate un piccolo cilindro avvolgendo il ripieno con della pellicola da cucina. Mettetelo in frigorifero e, quando è raffermo, tagliatelo in 6 parti che poi utilizzerete per condire la polenta.

Preparazione dei funghi trifolati

In una padella aggiungete mezza tazza di olio extravergine d'oliva e due spicchi d'aglio. Fate soffriggere l'aglio, quindi aggiungete 700gr di funghi misti tagliati a fette. Condite con sale e pepe e saltate i funghi fino a quando non diventano soffici. Aggiungete del prezzemolo tritato e servite i funghi con la polenta.

Tuna Tartare Topped with Cold Tomato Sauce with Chopped Capers, Olives & Anchovies

Serves 2

For the tartare:
1 lb. of fresh tuna (sashimi grade)
1 tsp. salt
1 tsp. pepper
1 tsp. Dijon mustard
3 tbsp. extra virgin olive oil
2 tbsp. fresh chopped chives
2 tbsp. red onion finely chopped
1 oz. chopped arugula

For the topping of the tartare:
1 oz. chopped Gaeta olives or Calamata (Greek) olives
½ oz. chopped capers
1 chopped achovy
1 clove of garlic, finely chopped
4 oz. chopped plum tomatoes
2 tbsp. extra virgin olive oil

Cut the tuna into 1/4-inch diced cubes and place in a bowl. Add the extra virgin olive oil, salt, pepper, Dijon mustard, fresh chives and red onion. Mix well. Keep tartare in a cool place.

In a sauté pan add oil and chopped garlic. Let garlic become brown then add the capers, the chopped anchovy and the black olives. Cook for 30 seconds. Add tomato and cook for one more minute. No salt is needed due to the saltiness of the capers. Top with olives and cool in the refrigerator for at least a half hour.

To assemble this dish, take a 2-3 inch open-ended cylinder and insert the chopped arugula in the bottom of cylinder. Then take the tuna and press down with a spoon. Cover the tuna with the cold tomato topping and garnish the dish with some chopped chives. Serve with toasted bread or crostini.

Tartara di Tonno alla Puttanesca

Per 2 persone

Per la tartara di tonno:
450grammi di tonno fresco prima qualità
1 cucchiaino di sale
1 cucchiaino di pepe
1 cucchiaino di senape di Digione
4 cucchiai di olio extravergine d'oliva
2 cucchiai di erba cipollina ben tritata
2 cucchiai cipolla rossa ben tritata
30gr di rucola tritata

Per il composto di pomodori,capperi e olive:
1 spicchio d'aglio tritato
15gr di capperi tritati
1 acciuga
30gr di olive di Gaeta (o Greche), tritate
120gr di pomodori San Marzano tritati
2 cucchiai di olio extravergine d'oliva
1 acciuga tritata

Tagliate il tonno a dadini e mettetelo in una ciotola. Aggiungete l'olio extravergine di oliva, il sale, il pepe, la senape, l'erba cipollina e la cipolla rossa. Mescolate bene il tutto e mettete al freddo.

In una padella mettete l'olio e l'aglio tritato, fatelo imbiondire per qualche secondo e aggiungete i capperi, l'acciuga e le olive. Fate cuocere per 30 secondi a fuoco basso e aggiungete il pomodoro. Fate cucinare tutto insieme per un altro minuto, quindi lasciate raffreddare il composto in frigorifero per almeno 30 minuti.

Per comporre il piatto, utilizzate un cilindro aperto di diametro 6-7centimetri, ed inserite la rucola nella parte inferiore del cilindro. Poi prendete il tonno e spingetelo verso il basso con un cucchiaio. Coprite il tonno con il composto di pomodori precedentemente preparati e guarnite il piatto con un po' di erba cipollina tritata. Servite con crostini di pane.

Risotto with Spinach and Speck

Serves 4

10 oz. of Arborio rice or Carnaroli Rice
½ onion (chopped)
½ cup of extra virgin olive oil
2 oz. butter
½ cup parmesan cheese
¼ cup heavy cream

8 oz. diced speck (smoked prosciutto)
1 lb. fresh spinach leaves
5 cups chicken broth or stock (see page 132)
½ cup dry white wine
3 oz. cherry tomatoes (cut in half)
salt to taste

In a sauté pan add olive oil and onions. Cook for 2 minutes, then add rice. Stir rice with onions for a minute and add the white wine. Let evaporate.

Add one ladle of chicken stock every minute slowly for 12 minutes and stir occasionally.

Add spinach leaves. Continue to add chicken stock one ladle at a time and stir occasionally.

Add cherry tomatoes and speck.

Mix everything together. You can now start to taste to see if it's done. It should take about 16 minutes for the risotto to be cooked al dente.

Turn off heat. Add the heavy cream, parmigiano cheese, and butter. Mix well and serve.

Risotto con Speck e Spinaci

Per 4 persone

300gr di riso Arborio o Carnaroli
Mezza cipolla tritata
125 ml di olio extravergine di oliva
60gr di burro
115gr di formaggio Parmigiano grattugiato
60 ml di panna

240gr di speck tagliato a dadini
500gr di spinaci freschi
1,25 litri di brodo di pollo o vegetale
125 ml di vino bianco secco
100gr di pomodorini ciliegino tagliati a metà
sale quanto basta

Fate cuocere in padella l'olio d'oliva e la cipolla per 2 minuti. Quindi aggiungete il riso mescolandolo con le cipolle per un minuto. Aggiungete il vino bianco e lasciate evaporarlo.

Continuate aggiungendo lentamente un mestolo di brodo di pollo, ogni minuto, per 12 minuti.

Aggiungete quindi gli spinaci continuando ad aggiungere brodo di pollo. Poi aggiungete i pomodorini e lo speck.

Mescolate il tutto e provate ad assaggiare per verificarne il grado di cottura. Tenete presente che occorrono circa 16 minuti per ottenere il riso cotto al dente.

A cottura ultimata togliete il riso dal fuoco ed aggiungete la panna, il parmigiano grattugiato e il burro. Mescolate bene e servite in tavola.

Wine suggestion: Silvio Jermann Vintage Tunina
http://www.jermann.it/

Rigatoni Tricolore with Parmigiano, Purée of Peas, and Tomato

Pea sauce:
1 onion, chopped
1 lb. frozen peas
2 cups chicken or vegetable stock
2 oz. olive oil
salt & pepper

Tomato sauce:
1lb. San Marzano tomatoes, chopped
2 oz. extra virgin olive oil
1 tsp. oregano
1 clove garlic
salt & pepper

Pasta:
1 lb. rigatoni pasta
1 oz. butter
100 grams grated
  parmigiano cheese

Make pea sauce:
Heat olive oil in a sauté pan. Add onions and stir-fry for a couple of minutes. Then add the peas and allow cook for another minute or two.

Next, add the broth or stock and bring to a boil. Then place everything in a blender. Puree and strain the sauce to remove the skin. Keep the puree in a warm place.

Make the tomato sauce:
Heat olive oil in a large skillet. Add garlic and sauté. When garlic is golden, you may remove and add the chopped tomatoes.

Season with salt and oregano. Cook and reduce the sauce until there is no moisture (nice and tight, maybe 3-4 minutes). Place the sauce aside and keep warm.

Make pasta:
Cook the pasta al dente. Drain the pasta, leaving a little water and transfer to a pan. Add butter and parmigiano cheese. The dish should be assembled in 3 layers: the pasta belongs in the middle with the peas sauce on one side and tomatoe sauce on the other.

Rigatoni Tricolore con Purée di Piselli, Parmigiano e Pomodoro

Per 4 persone

Per la salsa di piselli:
1 cipolla tritata
500gr di piselli surgelati
2 tazze di brodo di pollo o vegetale
60 ml olio d'oliva
sale e pepe

Per la salsa di pomodoro:
500gr di pomodori tipo
  San Marzano tagliati a pezzi
60 ml di olio extravergine di oliva
1 cucchiaino di origano
1 spicchio d'aglio
sale e pepe

Per la pasta:
500gr di rigatoni
30gr di burro
100gr di Parmigiano
  grattugiato

Preparazione della salsa di piselli:
Mettete in una padella le cipolle e olio d'oliva. Fate soffriggere per un paio di minuti, quindi aggiungete i piselli e continuate a cuocere per un minuto o due.

Aggiungete il brodo e portate a ebollizione. Poi mettete il tutto in un frullatore. Frullate e filtrate la crema allo scopo di rimuovere la pelle dei piselli. Mantenete la crema in caldo.

Preparazione della salsa di pomodoro:
Aggiungete l'olio d'oliva e l'aglio in una padella. Quando l'aglio è dorato, potete toglierlo e aggiungere i pezzi di pomodoro. Condite con sale e origano; lasciate cuocere per fare addensare la salsa fino a quando il liquido non è stato assorbito (avviene in circa 3-4 minuti). Mettete la salsa da parte, tenendola al caldo.

Preparazione della pasta:
Cuocete la pasta al dente. Scolate la pasta lasciando un po' d'acqua di cottura e mettetela in una padella. Aggiungete il burro e il parmigiano e saltatela in padella. Allestite il piatto dividendolo in tre zone, con la pasta posta al centro, la salsa di piselli a sinistra, la salsa di pomodoro a destra.

This dish is dedicated to the 150ᵗʰ Anniversary of United Italy. Happy Birthday Italy!

Questo piatto e dedicato ai centocinquanta anni dell'unita d'Italia 1861-2011

Wine suggestion: Di Majo Norante Don Luigi Riserva
http://www.dimajonorante.com

Large Rigatoni with Leeks Oven Roasted Tomatoes, & Lump Crabmeat

Serves 4

1 lb. paccheri (large rigatoni pasta)
1 lb. crab meat
1/4 cup extra virgin olive oil
2 oz. of sweet butter
1 oz. basil, chopped

8 oz. sweet cherry tomatoes
1 cup fish/vegetable stock or
   water from pasta
1 oz. fresh parsley, chopped
6 oz. sliced leeks

Set the oven to 250° F. Add the cherry tomatoes to a baking pan with a little olive oil and salt and pepper. Bake in the oven for 3 hours. Remove and place the tomatoes in a bowl.

Heat olive oil and butter in large sauté pan. Add leeks, and stir-fry for a few minutes. Add fish stock or vegetable stock, crabmeat and oven roasted tomatoes. Cook for 2 minutes and set aside.

In a large pot, bring water to a boil. Add salt and pasta. Cook al dente.

Drain pasta and toss into sauce. Add basil and parsley (red pepper optional).

To serve, place crabmeat on top of pasta; sprinkle with a small amount of extra virgin olive oil.

Wine suggestion: San Michele Appiano Sanct Valentin Sauvignon, http://www.stmichael.it/en/

Paccheri con Porro e Granchio

Per 4 persone

500gr di Paccheri
500gr di polpa di granchio
4 cucchiai di olio extravergine d'oliva
60gr di burro
30gr di basilico tritato

250gr di pomodorini ciliegino maturi
230gr di brodo di pesce oppure di
   acqua di cottura della pasta
30gr di prezzemolo fresco, tritato
200gr di porri tagliati a fette

Impostate il forno a 120° C. In una teglia da forno disponete i pomodorini, con un poco di olio d'oliva, sale e pepe e fate cuocere in forno per 3 ore, dopodiché tirate fuori i pomodorini dal forno e poneteli in una ciotola.

In una grande padella, fate scaldare dell'olio d'oliva.

Aggiungete il burro ed i porri, e fateli soffriggere per qualche minuto. Aggiungete quindi il brodo di pesce o vegetale, la polpa di granchio e i pomodorini arrostiti al forno. Lasciate cuocere per 2 minuti e togliete la padella dal fuoco.

In una pentola capiente, portate l'acqua a ebollizione. Aggiungete il sale e la pasta. Fate cuocere la pasta al dente.

Scolate la pasta e saltatela nella padella con la salsa. Aggiungete il basilico, il prezzemolo e, se volete, del peperoncino.

Disponete la polpa di granchio sulla pasta, innaffiando con una piccola quantità di olio extra vergine di oliva.

Cannellini Bean Soup with Pasta and Shell Fish

Serves 4

1 lb. cannellini beans
40 mussels
40 little neck/manila clams
4 oz. extra virgin olive oil
1 cup tomato sauce (see page 126)
1 tsp. black pepper
1 tbsp. salt

5 oz. very small cut of pasta
12 cups water
½ onion, chopped
2 stalks of celery, finely chopped
3 pieces of bay leaves
1 cup white wine
Small amount of parsley

Soak cannellini beans overnight in cold water. Drain the cannellini beans and transfer them into a pot large enough to fit 12 cups of water.

Cook the beans on a low flame. When the water starts to simmer, add the bay leaves, half of the extra virgin oil, and the black pepper. Cook for 45 minutes or until cannellini beans are tender.

In the meantime, take a sauté pan and add 3 tsp of olive oil and 1 clove of garlic. Cook the garlic for 1 minute. Add the shellfish and the wine. Cover. As soon as the fish opens, turn off the flame. Discard shells and keep the fish to the side.

In a pot, add the rest of the olive oil, along with the celery and the chopped onions. Cook for 1 minute. Then add the shellfish, the cannellini beans with their water, and the tomato sauce.

Cook the pasta together with the soup. Taste for seasoning. Before serving, add a touch of extra virgin olive oil and garnish with parsley.

Pasta e Fagioli con Frutti di Mare

Per 4 persone

500gr di fagioli cannellini
40 cozze
40 vongole
120gr di olio extravergine d'oliva
230gr di salsa di pomodoro (see page 126)
1 cucchiaino di pepe nero
1 cucchiaio di sale

150gr di pasta di taglio molto piccolo
3 litri d'acqua
½ cipolla tritata
2 gambi di sedano, tritati finemente
3 foglie di alloro
250 ml di vino bianco
Un po' di prezzemolo

Mettete i fagioli cannellini a bagno in acqua fredda per tutta la notte. Scolate i fagioli cannellini e metteteli in una pentola abbastanza profonda per contenere tre litri di acqua.

Fate cuocere i fagioli a fuoco lento. Quando l'acqua inizia a bollire, aggiungete le foglie di alloro, la metà dell'olio extravergine e il pepe nero. Fate cuocere per 45 minuti o fino a quando i fagioli cannellini diventano teneri.

Nel frattempo mettete una padella sul fuoco, aggiungete 3 cucchiai di olio d'oliva e uno spicchio di aglio. Fate rosolare l'aglio per 1 minuto ed aggiungete i frutti di mare ed il vino. Coprite la padella con un coperchio e non appena le vongole si aprono, spegnete il fuoco. Separate le vongole dai loro gusci e mettetele da parte.

Mettete in una pentola il resto dell'olio d'oliva, insieme con il sedano e la cipolla tritata. Fate cuocere per 1 minuto. Quindi aggiungete i molluschi, i fagioli cannellini con la loro acqua e la salsa di pomodoro

Potato Dumpling with Meat Sauce

Serves 4
(appetizer size)

2 cups meat sauce
1 lb. gnocchi
4 oz. grams grated parmigiano cheese

To make gnocchi, see page 128
To make the meat sauce see page 127

Boil water with salt.

Warm the meat sauce.

When the water starts to boil, drop in the gnocchi.

When they start to rise, drain the gnocchi.

Add into meat sauce.

Top with parmigiano, toss, and serve hot.

Gnocchi di Patate al Ragù di Carne

Per 4 persone
(appetizer size)

2 tazze di ragù di carne
500gr di gnocchi
100gr di parmigiano grattugiato

Per preparare i gnocchi, consultare pagina 128
Per preparare il ragù, consultare pagina 127

Fate bollire l'acqua con il sale.

Scaldate il sugo di carne.

Quando l'acqua bolle, buttate gli gnocchi.

Quando gli gnocchi cominciano a venire a galla, scolateli.

Aggiungete il ragù di carne.

Cospargete gli gnocchi con il parmigiano, mescolateli e serviteli caldi.

Baked Monkfish with Mediterranean Crust   Serves 4

Crust:

½ large onion, finely chopped

1 stalk of celery, finely diced

1 clove garlic, chopped

1 oz. parsley, chopped

2 oz. walnuts, chopped

1 tomato, seedless and diced

½ red pepper, chopped

1 oz. capers, chopped

2 oz. black olives, chopped

½ cup extra virgin olive oil

1 cup Panko breadcrumbs

2 oz. golden raisins

1 tsp. of black pepper

pinch of salt

Monkfish:

2 lbs. of monkfish, clean (cut into 4 pieces)

salt & pepper

½ cup of white wine

½ cup of olive oil

½ cup of fish stock or chicken broth

1 oz. of butter

flour for dusting

Pre-heat oven to 400° F

Make crust:

In a sauté pan, heat half of the olive oil. Sauté the onions and celery for a couple of minutes until soft. Add the peppers and cook for a minute. Then add the clove of garlic, walnuts, capers, and black olives. Cook for 2 minutes more. Add the raisins and tomato. Mix well. Turn off the heat, and add the mixture into a bowl to cool off for 10 minutes. Add panco breadcrumbs, the rest of the olive oil, chopped parsley, and the salt and pepper.

Prepare monkfish:

Have the fish store clean and de-vein your fish. Cut the fish into pieces – each piece should be 7-8 ounces. Insert 3 cuts across the width of the fish. Season with salt and pepper. Dust with flour.

In a sauté pan, add the olive oil and bring to a heat. Cook the monkfish for 2 minutes on each side. Remove the excess oil and place monkfish in the oven for 5 minutes.

Remove the monkfish. Add white wine and fish stock or chicken broth. Add butter. The fish is now ready to be breaded. Place bread crumbs on top of the fish. Bake the fish for another 10-15 minutes – until it is golden brown.

Pescatrice al Forno in Crosta Mediterranea   Per 4 persone

Ingredienti per la crosta:

Mezza cipolla grande, tritata finemente

1 gambo di sedano, tagliato a pezzi

1 spicchio di aglio tritato

30gr di prezzemolo tritato

60gr di noci tritate

1 pomodoro senza semi e tagliato a pezzetti

Mezzo peperone rosso tritato

30gr di capperi tritati

60gr di olive nere, tritate

1 ml di olio extravergine di oliva

230gr di pangrattato

60gr di uvetta

1 cucchiaino di pepe nero

Un pizzico di sale

Ingredienti per la rana pescatrice:

900gr di coda di rospo, pulito (tagliato in 4 pezzi)

125 ml di vino bianco

125 ml di olio d'oliva

125 ml di brodo di pesce o brodo di pollo

30grammi di burro

Farina per spolverare

sale e pepe

Preriscaldate il forno alla temperatura di 200° C.

Crosta:

Fate scaldare metà dose di olio d'oliva in una padella, quindi saltate le cipolle e il sedano per un paio di minuti fino a quando non si ammorbidiscono. Aggiungete i peperoni e fateli cuocere per un minuto. Aggiungete quindi lo spicchio d'aglio, le noci, i capperi e le olive nere. Fate cuocere per altri 2 minuti. Aggiungete l'uvetta ed il pomodoro. Mescolate bene il tutto, spegnete il fuoco e versate il composto in una ciotola lasciandolo raffreddare per 10 minuti. Quindi aggiungete il pangrattato, il resto dell'olio d'oliva, il prezzemolo tritato, il sale e il pepe.

Rana pescatrice:

Assicuratevi che dai filetti di pesce siano state rimosse tutte le vene. Ciascuna porzione di rana pescatrice deve pesare circa 220gr. Inserite 3 tagli per tutta la larghezza di ogni filetto. Condite con sale e pepe e spolverate con farina. Scaldate l'olio d'oliva in una padella, aggiungete i filetti di pesce e cuoceteli per 2 minuti su ogni lato. Togliete l'olio in eccesso, e mettete la rana pescatrice in forno per 5 minuti. Togliete quindi il pesce dal forno, aggiungete il vino bianco, il brodo e il burro. Ora siamo pronti per la crosta: distribuite la crosta all'interno dei tagli fatti e sulla parte superiore dei filetti di pesce. Rimettete in forno per altri 10-15 minuti, al termine dei quali la crosta dovrebbe apparire dorata.

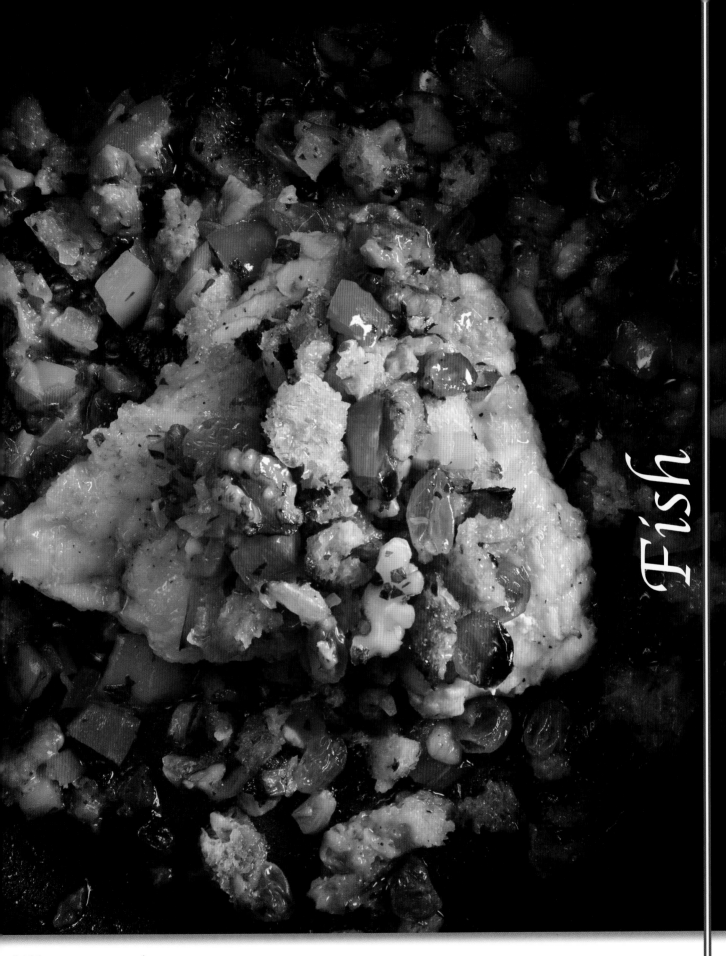

Wine suggestion: Feudi Di San Gregorio Serpico
http://www.feudi.it/

Swordfish Stew with Sweet Peppers, Eggplant, Capers, Black Olives and Fresh Mint

Serves 4

2 lbs. swordfish (diced in cubes, ½ inch each)
1 yellow pepper (diced)
1 red pepper (diced)
1 onion (chopped)
1 small eggplant (diced)
½ oz. fresh mint
1 oz. parsley (chopped)
½ glass white wine

2 cups of plum tomatoes (chopped)
2 oz. capers
2 oz. black olives
salt & pepper
1 cup of fish stock or chicken stock
½ cup of extra virgin olive oil
flour for dusting

Dust the swordfish with flour. Add salt & pepper. Dust the cubes of eggplant with flour.

In a sauté pan add extra virgin olive oil, onions, and the eggplant. Cook for a few minutes until the eggplant is soft. The eggplant may take a bit more of extra virgin olive oil so you may have to add more.

Add the peppers and cook for 3-4 more minutes. When the peppers are soft, add the swordfish. Cook for two minutes while mixing.

Add the white wine and cook until it evaporates. Then add fish stock and plum tomatoes. Lower the flame and cover. Let simmer for 10 minutes. Take the swordfish and add salt and pepper if necessary.

Garnish with chopped mint just before you are ready to serve. This dish is great when served with soft polenta or couscous.

Stufato di Pesce Spada con Peperoni, Melanzane, Pomodori, Capperi, Olive e Mentuccia

Per 4 persone

1 kg di pesce spada (tagliato a cubetti di
   poco piu' di 1centimetro di lato)
1 peperone giallo (tagliato a pezzi)
1 peperone rosso (tagliato a pezzi)
1 cipolla (tritata)
1 melanzana piccola (tagliata a dadini)
15gr di menta fresca
30gr di prezzemolo (tritato)

25 ml di vino bianco
2 tazze di pomodori San Marzano
60gr di capperi
60gr di olive nere
230gr di brodo di pesce o brodo di pollo
125 ml di olio extravergine di oliva
Farina per spolverare
sale e pepe

Spolverate il pesce spada con la farina. Aggiungete sale e pepe. Spolverate i cubetti di melanzane con la farina.

In una padella aggiungete l'olio extravergine di oliva, la cipolla e le melanzane. Fate cuocere per qualche minuto fino a quando la melanzana non diventa morbida. La melanzana potrebbe assorbire più olio extravergine di oliva del normale, in tal caso potrebbe essere necessario aggiungere altro olio. Aggiungete i peperoni e fate cuocere per altri 3-4 minuti.

Quando i peperoni sono morbidi, aggiungete il pesce spada e fate cuocere per un paio di minuti, mescolando. Aggiungete il vino bianco e lasciate che evapori. Quindi aggiungete i pomodori ed il brodo.

Abbassate la fiamma e coprite, lasciando sobbollire per 10 minuti.
Prendete il pesce spada e aggiungete sale e pepe, se necessario.

Unite la menta tritata poco prima di servirlo in tavola. Questo piatto è ottimo accompagnato con polenta morbida o couscous.

Wine suggestion: Duca di Salaparuta Duca Enrico
www.duca.it

Cream of Chickpeas with Pasta and Shrimp   Serves 4

2 lbs. chickpeas	1 oz. fresh thyme	1 oz. chopped chives
½ cup extra virgin olive oil	1 tsp. black pepper	4 oz. rigatoni
1 chopped onion	8 shrimp, cubed	salt & pepper to taste
1 clove garlic	8 cups vegetable broth or stock	

Cream of chickpeas:

Soak the chickpeas overnight. Drain the water and put the chick peas in a pot. Cover the chickpeas with cold water and bring to a boil. Cook until tender (approximately 1 hour). If you use canned chickpeas, do not follow steps 1 and 2, just rinse the chick peas).

In a sauté pot add half the olive oil, garlic, and the onion. Cook for a few minutes.
Add chickpeas, fresh thyme, and broth. Let the soup simmer for 10-15 minutes. Add salt and pepper.

Remove a few of the chickpeas to garnish at the end. Take the rest and put in a blender to puree. Then pass through a sieve. Now the soup is ready. Place chickpeas back into the soup.

Pasta and shrimp:

In a different pan, place the rest of the olive oil and shrimp. Cook for 2 minute season with salt and pepper and place to the side. Cook the rigatoni in a different pot. Allow to cool, then cut the pasta in small rings.

To assemble:

Bring the soup back to a boil. Sauté the pasta with a bit of olive oil.
Put the soup into a soup bowl. Place the pasta around the edges or in the middle.
Arrange a few shrimp around the plate for garnish.
Then garnish the dish with chives, extra virgin olive oil, and ground pepper.

Crema di Ceci con Pasta e Gamberi   Per 4 persone

1kg di ceci	30gr di timo fresco	30gr di erba cipollina tritata
25 ml di olio extravergine d'oliva	1 cucchiaino di pepe nero	120gr di rigatoni
1 cipolla tritata	8 gamberi, tagliati a dadini	sale e pepe, quanto basta
1 spicchio d'aglio	2 litri di brodo vegetale	

Crema di ceci:

Lasciate a bagno i ceci per una notte. Scolate i ceci dall'acqua e metteteli in una pentola. Copriteli con acqua fredda e portateli ad ebollizione. Fateli cuocere per circa 1 ora, finché non diventano teneri (Se utilizzate ceci in scatola, non dovete eseguire i punti 1 e 2, ma abbiate cura di risciacquarli prima di utilizzarli).

Mettete in una padella la metà dell'olio di oliva, l'aglio e la cipolla. Fate cuocere per pochi minuti. Aggiungete i ceci, il timo fresco ed il brodo. Fate bollire il tutto per 10-15 minuti. Condite con sale e pepe. A questo punto mettete da parte alcuni ceci per la decorazione finale e frullate il composto in un frullatore ottenendo una purea che poi passerete al setaccio. Ora che la zuppa è pronta, rimettete dentro i ceci che avevate messo da parte.

Pasta e gamberetti:

In un'altra padella, versate il resto dell'olio d'oliva ed i gamberetti. Fateli cuocere per qualche minuto. Condite con sale e pepe e metteteli da parte. In un'altra pentola fate cuocere i rigatoni. Quando sono cotti, lasciateli raffreddare e tagliateli in piccoli anelli.

Composizione finale:

Portate la minestra di nuovo ad ebollizione.
Saltate la pasta con un poco di olio d'oliva.
Mettete la zuppa in un piatto da minestra. Disponete la pasta ai bordi della ciotola o al centro.

Panseared Sea Scallops with Aged Balsamic Vinegar

Serves 4
(appetizer size)

8 large sea scallops
5 tbsp. extra virgin olive oil
2 tsp. aged balsamic vinegar
1 tomato cut julienne style
1 yellow pepper cut julienne style
1 red pepper cut julienne style
sprinkle of fresh thyme
salt and pepper

In a bowl, marinate the peppers and tomato with thyme, salt and pepper, and 3 tsp of extra virgin olive oil.

In another bowl, add the rest of the oil with the sea scallops and a bit of salt and pepper.

Heat a nonstick pan. Add the scallops along with the marinade, and sear for 1 minute on each side. Scallops normally should be medium to medium rare, but you may cook them a little longer or put them in the oven if you like them more well done.

To assemble the dish, put the raw vegetables on the center of a plate. Then arrange the hot scallops around the vegetables and drizzle with the aged balsamic vinegar. You can add to this dish your favorite greens including arugula or watercress.

Capesante all'Aceto Balsamico

Per 4 persone
(appetizer size)

8 grandi capesante di mare
5 cucchiai di olio extra vergine di oliva
2 cucchiaini di aceto balsamico
tradizionale 12anni
1 pomodoro tagliato à la julienne
1 peperone giallo tagliato à la julienne
1 peperone rosso tagliato à la julienne
Una spruzzata di timo fresco
sale e pepe

In una ciotola mettete a marinare i peperoni e il pomodoro con timo, sale e pepe con 3 cucchiaini di olio extra vergine di oliva.

In un'altra ciotola aggiungete il resto dell'olio con le capesante e un po'di sale e pepe.

Mettete sul fuoco una padella antiaderente. Scottate in padella le capesante con la loro marinatura, per un minuto su ogni lato. Le capesante vanno normalmente cotte poco, ma se piacciono più cotte, potete cuocerle per un tempo maggiore oppure potete metterle in forno.

Per la composizione del piatto, mettete le verdure crude al centro del piatto. Ponete le capesante calde accanto all'insalata e condite con aceto balsamico. È possibile aggiungere il tipo di insalata che preferite, come la rucola e il crescione.

Veal Chop Milanese

2 veal chops with bone
2 eggs, beaten
salt & pepper
½ cup flour

2 cups plain breadcrumbs
8 oz. salted butter
lemon wedges
parsley for garnish

Flatten the veal chops until they are very thin. Add a touch of salt and pepper and then dip them in flour. Then dip them into the egg and dredge them into the breadcrumbs, pressing down to make sure the crumbs stick, and shake them gently to remove any excess. With a sharp knife make a couple of small cuts in the veal cutlet to allow heat to go through.

In the meantime, melt the butter in a skillet large enough to contain both cutlets at once. Add the cutlets once the butter begins to crackle. Cook for 2 minutes on each side. The cutlet should be a golden color. Remove them from the pan and dry with a paper towel and serve hot, garnished with parsley and lemon on the side.

Costoletta alla Milanese

Per 2 persone

2 costolette di vitello con l'osso
2 uova
sale e pepe
½ tazza di farina
2 tazze di pane grattugiato

240gr di burro
spicchi di limone
    (sono facoltativi, la ricotta originale non li
    prevede, ma si accompagnano perfettamente)
un poco di prezzemolo per guarnimento

Appiattire con il batticarne le costolette di vitello; in un piatto fondo sbattete le uova e salatele; passare ogni costoletta nella farina poi nell'uovo e infine nel pangrattato; in una padella antiaderente fate dorare il burro; mettete a cuocere le cotolette in padella senza sovrapporle; cuocete le cotolette da entrambe le parti per qualche minuto; toglietele dalla pentola e con la carta assorbente. Togliete il condimento in eccesso; servitele in tavola con una fetta di limone e il prezzemolo.

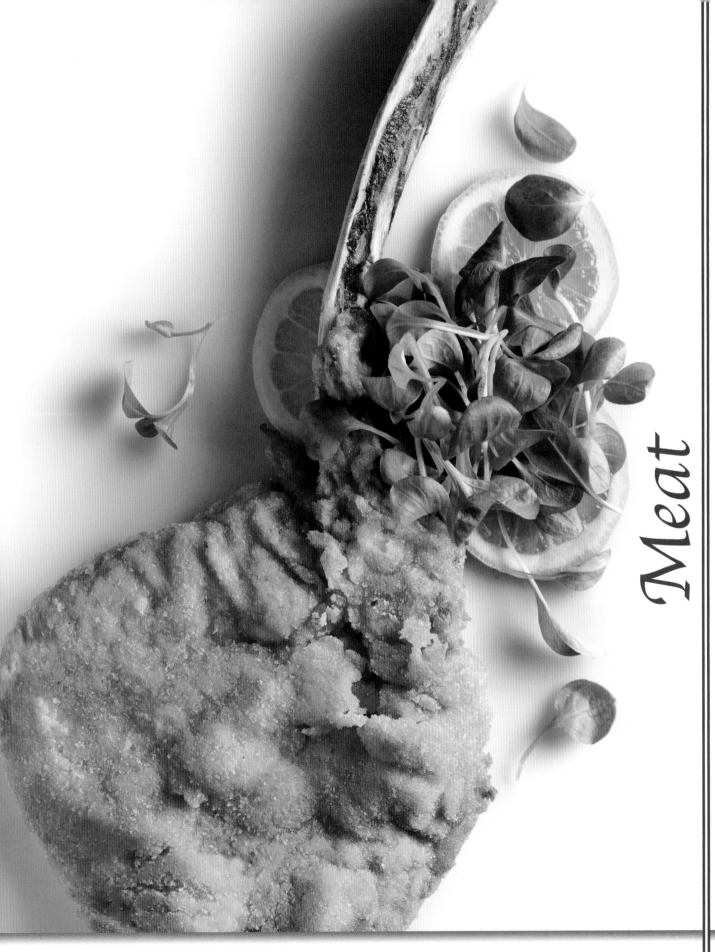

Wine suggestion: *Bastianich Friuliano*
www.bastianich.com

Short Ribs with Sangiovese Wine

Serves 4

3 lbs. flanken-style short ribs
1 carrot, chopped
1 onion, chopped
2 stalks of celery, chopped
8 oz. Sangiovese red wine
4 tbsp. tomato paste
2 cloves garlic

2 bay leaves
1 tsp. fresh thyme
4 oz. extra virgin olive oil
4 cups of beef broth or water
4 oz. of flour
salt & pepper

Salt and pepper the meat. Dust the meat with flour and place to the side.

Heat olive oil in a large sauté pan. Add the meat and sear the meat on all sides. Take the meat and place in a deep pan to fit the meat perfectly.

Using the same oil, add all the chopped vegetables and cook for a few minutes. Drain all the excess oil and add the tomato paste, wine, and herbs to the vegetables. Cook for another few minutes. Add the beef stock or water. Mix well.

Transfer all the liquid and vegetables onto the meat and cover. Place the baking pan in the oven and cook at 325°F for 4 hours or until the meat becomes very tender.

Remove the meat from the liquid. Degrease all the excess oil. With an electric mixer, puree all the vegetables in the liquid to create a sauce. If you want it to be smooth, pass through a sieve.

Place the meat back into the sauce. Season to your liking. You can serve with potato gnocchi, polenta or creamy mashed potatoes.

Wine suggestion: *Castello Banfi Brunello di Montalcino - Poggio alle mura*
http://www.castellobanfi.com/

Brasato di Manzo al Sangiovese

Per 4 persone

1.5 kg di carne di manzo per brasato
1 carota tritata
1 cipolla tritata
2 gambi di sedano, tritati
250 ml di vino rosso Sangiovese
4 cucchiai di pasta di pomodoro
2 spicchi d'aglio

2 foglie di alloro
1 cucchiaino di timo fresco
125 ml di olio extravergine di oliva
1 litro di brodo di carne o di acqua
120gr di farina
sale e pepe

Salate e pepate la carne. Spolverate la carne con farina e mettetela da parte.

In una grande padella fate scaldare l'olio d'oliva. Aggiungete la carne e scottatela su ogni lato. Toglietela quindi dal fuoco per metterla in una teglia profonda della quale la carne si adagi perfettamente.

Nello stesso olio in cui avevate fatto rosolare la carne, aggiungete tutte le verdure tagliate a pezzi e fatele cuocere per qualche minuto. Eliminate l'olio in eccesso e unite alla verdura il concentrato di pomodoro, il vino e le erbe. Fate cuocere per qualche minuto, quindi aggiungete il brodo di carne o l'acqua e mescolate bene.

Trasferite le verdure con tutto il loro liquido sulla carne e coprite. Fate cuocere la teglia in forno alla temperatura di 160° C per 4 ore fino a quando la carne diventa molto tenera.

Togliete la carne dal proprio liquido. Dopo avere eliminato tutto l'olio in eccesso, frullate tutte le verdure nel liquido con un mixer elettrico allo scopo di creare una salsa, che, se volete senza pezzettini, potete poi passare al setaccio.

Mettete la carne nel sugo. Regolate il condimento e servitela con gnocchi, polenta o con una cremosa purèe di patate.

Tripe with Tomato and Parmigiano
Serves 2

1 lb. beef honeycomb tripe (or any you prefer)
2 cups plum tomatoes
1 large onion, chopped
2 cloves garlic, chopped
1 tsp. fresh thyme
salt & pepper

8 oz. white wine
2 cups chicken stock or water
6 tsp. of pecorino or parmigiano reggiano
4 oz. extra virgin olive oil
8 leaves of basil
2 oz. butter

Poach the tripe in cold water with a pinch of salt for 1 hour and 15 minutes.

Drain the tripe and allow it to cool. Cut tripe in ¼ inch slices.

Heat the olive oil in a pot and add the chopped onions and garlic. Cook the onions and garlic for a few minutes, and then add the tripe. Cook together for 5-7 minutes.

Now add the white wine and cook until it evaporates. Season with salt and pepper. Add the plum tomatoes, fresh thyme, and the stock. Bring to a boil.

Either simmer on top of the stove for an hour and a half or place into the oven at 350° F degrees for the same amount of time.

When finished, tripe should be nice and tight. Taste for tenderness and season to your liking. Remove from the oven. Add the butter and the parmigiano cheese. Serve the tripe with crostini.

A note from the Chef: *Tripe is always better the next day. Simply warm it up and serve.*

Trippa al Pomodoro e Parmigiano
Per 2 persone

1 trippa di manzo
2 tazze di pomodori San Marzano
1 cipolla grande, tritata
2 spicchi d'aglio tritati
1 cucchiaino di timo fresco
250 ml di vino bianco

2 tazze di brodo di pollo o di acqua
6 cucchiai di pecorino o parmigiano reggiano
125 ml di olio extravergine di oliva
8 foglie di basilico
60gr di burro
sale e pepe

Cuocete la trippa a fuoco lento in acqua fredda con un pizzico di sale per 1 ora e 15 minuti.

Scolate la trippa e lasciatela raffreddare. Tagliate la trippa a fettine larghe poco più di mezzo centimetro.

Scaldate l'olio d'oliva in una pentola. Aggiungete le cipolle tritate e l'aglio, cuocetele per qualche minuto, quindi aggiungete la trippa e continuate a cuocere il tutto per 5-7 minuti.

A questo punto aggiungete il vino bianco e lasciate che evapori. Condite con sale e pepe. Aggiungete i pomodori, il timo fresco ed il brodo e portate ad ebollizione.

Fate sobbollire sul fuoco per un'ora e mezzo oppure mettete in forno a 175° C per lo stesso tempo.

Al termine della cottura la trippa deve essere ben cotta. Gustatela per sentire il grado di tenerezza e cottura. Toglietela dal forno, aggiungete il burro e il parmigiano. Servite la trippa con i crostini.

Post scriptum: *la trippa è sempre più deliziosa il secondo giorno. Si può prepararla e servirla riscaldata il giorno dopo.*

Calf's Liver with Caramelized Red Onions

Serves 4

4 red onions, cut à la julienne
8 tbsp. sugar
2 cups red wine
1 tsp. lemon rind
2 oz. butter
24 oz. calf's liver, sliced
3 oz. flour
pinch of salt and pepper

In a small pot, add the onions, sugar, wine, and lemon rind. Simmer until all the liquid is evaporated and the onions become caramelized.

Season the calf's liver with salt and pepper. Dust with flour. In a sauté pan cook the calf's liver with a bit of butter. Liver can be eaten medium rare, but you may cook it longer if you prefer it more well-done.

Remove the calf's liver and keep warm. To assemble the dish, place the lukewarm caramelized onions on the middle of the plate.

Position the calf's liver on top of the onions and garnish the dish with any greens you prefer.

Wine suggestion: Allegrini Palazzo della Torre, http://www.allegrini.it/allegrini_it/

Fegato di Vitello con Marmellata di Cipolle Rosse   *Per 4 persone*

cipolle rosse, tagliate à la julienne
cucchiai di zucchero
tazze di vino rosso
cucchiaino di scorza di limone
50gr di burro
750gr di fegato di vitello a fette
90gr di farina
Un pizzico di sale e pepe

In un pentolino aggiungete la julienne di cipolle, lo zucchero, il vino, e la scorza di limone. Fate cuocere a fuoco lento finché il liquido evapora e le cipolle caramellano.

Condite il fegato con sale e pepe e spolveratelo con la farina. Fate cuocere il fegato di vitello in padella con un po' di burro. Di solito il fegato è servito con cottura media, ma, se preferite, potete cuocerlo di più.

Togliete il fegato di vitello dal fuoco e mantenetelo in caldo. Per comporre il piatto, posizionate al centro del piatto le cipolle caramellate tiepide.

Quindi adagiate il fegato di vitello sopra le cipolle e guarnite il piatto con le verdure che preferite.

Veal Shank with Gremolata

Serves 4

4 pieces veal shank
1 carrot, chopped
1 onion, chopped
2 stalks of celery, chopped
8 oz. white wine

4 tbsp. tomato paste
3 cloves garlic
2 bay leaves
1 tsp. fresh thyme
4 oz. extra virgin olive oil

4 cups of beef broth or water
4 oz. of flour
1 lemon
1 oz. chopped parsley
salt & pepper

Salt and pepper the meat. Dust the meat with flour and place to the side.

Heat the olive oil in a large sauté pan. Add the meat and sear the meat on all sides. Take the meat and place in a deep pan.

Add the chopped vegetables to the same oil and cook for a few minutes. Drain all the excess oil and add the tomato paste, wine, and herbs (but only 2 cloves of garlic) into the vegetables. Cook for another few minutes. Add the beef stock or water. Mix well.

Put all the liquid and vegetables onto the meat and cover. Place the baking pan in the oven of 325°F for 4 hours, until the meat becomes very tender.

Remove the meat from the liquid. De-grease all the excess oil. With an electric mixer, puree all the vegetables in the liquid to create a sauce. If you want it to be smooth, pass through a sieve.

Place the meat back into the sauce. Season to your liking.

For the Gremolata: Use only the skin of a lemon (without the white part), and chop very fine. Chop 1 clove of garlic very fine. Mix these 2 ingredients with the chopped parsley.

To assemble the dish: Place the veal in the middle of the plate and sprinkle the gremolata on top. This dish is traditionally served with saffron risotto, or you may serve any other starch that you prefer.

To make saffron risotto, use the same recipe as "The Risotto with Spinach and Speck" on page 40 (by using 1 teaspoon of saffron instead of the speck and spinach)

Ossobuco di Vitello con Gremolata

Per 4 persone

4 pezzi stinco di vitello
1 carota tritata
1 cipolla tritata
2 gambi di sedano tritati
250 ml di vino bianco

4 cucchiai di pasta di
    pomodoro
3 spicchi d'aglio
2 foglie di alloro
1 cucchiaino di timo fresco

125 ml di olio extravergine d'oliva
4 tazze di brodo di carne o acqua
120gr di farina
1 limone
30gr di prezzemolo tritato
sale e pepe

Salate e pepate la carne. Spolveratela quindi con farina e mettetela da parte.

Scaldate in padella l'olio d'oliva. Aggiungete la carne e scottatela su ogni lato. Toglietela quindi dal fuoco per metterli in una teglia profonda della quale la carne si adagi perfettamente.

Nello stesso olio in cui avevate fatto rosolare la carne, aggiungete tutte le verdure tagliate a pezzi e fatele cuocere per qualche minuto. Eliminate l'olio in eccesso e unite alla verdura il concentrato di pomodoro, il vino e le erbe (ma solo 2 spicchi d'aglio). Fate cuocere ancora per qualche minuto, quindi aggiungete il brodo di carne o l'acqua e mescolate bene.

Trasferite le verdure con tutto il loro liquido sulla carne e coprite. cuocete la teglia in forno alla temperatura di 160° C per 4 ore fino a quando la carne diventa molto tenera.

Togliete la carne dal proprio liquido. Dopo avere eliminato tutto l'olio in eccesso, frullate tutte le verdure con un mixer elettrico allo scopo di creare una salsa, che se volete senza pezzettini, potete passare al setaccio.

Mettete la carne di nuovo nel sugo. Regolate il condimento.

Per la gremolata: Tritate molto finemente la pelle di un limone (senza la parte bianca). Tritate molto finemente 1 spicchio d'aglio. Mescolate i 2 ingredienti con il prezzemolo tritato.

Composizione del piatto: Posizionate la carne al centro del piatto e cospargetela con la gremolata. Questo piatto è tradizionalmente servito con risotto allo zafferano o può essere accompagnato con il tipo di pasta o patate che più preferite.

Per preparare il risotto allo zafferano utilizzate la stessa ricetta "Il Risotto con spinaci e speck" a pagina 40, con l'avvertenza di sostituire lo speck e gli spinaci con un 1 cucchiaino di zafferano).

Wine suggestion: *Cervaro Antinori Castello della Sala*
http://www.antinori.it/

Baby Chicken with Herbs

2 cornish hens
mixed herbs such as rosemary, sage, and fresh thyme
2 cloves garlic
½ cup extra virgin olive oil
salt & pepper

Split the Cornish hens from the breast. Season with salt and pepper. Place them into a container.

Crush the garlic and place it on top of the chicken. Now position all the herbs on top of the chicken. Add the olive oil and make sure it goes all around the chicken. Refrigerate for a couple of hours to marinate.

Warm a flat iron skillet. Remove the chicken and the herbs and cook the chicken until it becomes crispy on both sides (around 4 minutes each side). Take all the herbs and place them back onto the chicken.

You can now take the chicken and place in the oven at 350°F for 10 minutes. Serve the chicken with some lemon and your favorite vegetable.

Pollastrello con Erbe Aromatiche

Per 2 persone

2 gallinelle della Cornovaglia
Erbe miste come il rosmarino, salvia e timo fresco
2 spicchi d'aglio
½ bicchiere di olio extravergine di oliva
sale e pepe

Aprite il pollastrello della Cornovaglia e appiattitelo. Condite il pollastrello con sale e pepe e ponetele in un contenitore.

Schiacciate l'aglio e mettetelo sopra il pollo. Quindi cospargete la parte superiore con tutte le erbe. Aggiungete l'olio d'oliva e assicuratevi che la carne sia oliata su ogni lato. Mettete in frigo per un paio d'ore a marinare.

Scaldate una padella di ferro piatta. Togliete il pollo dal contenitore con le erbe e cuocetela finché non diventa croccante su entrambi i lati (circa 4 minuti per lato). Prendete tutte le erbe e rimettetele di nuovo sul pollo.

Ora è possibile mettere il pollo in forno alla temperatura di 180°C per 10 minuti. Servitelo con un po' di limone e la verdura che preferite.

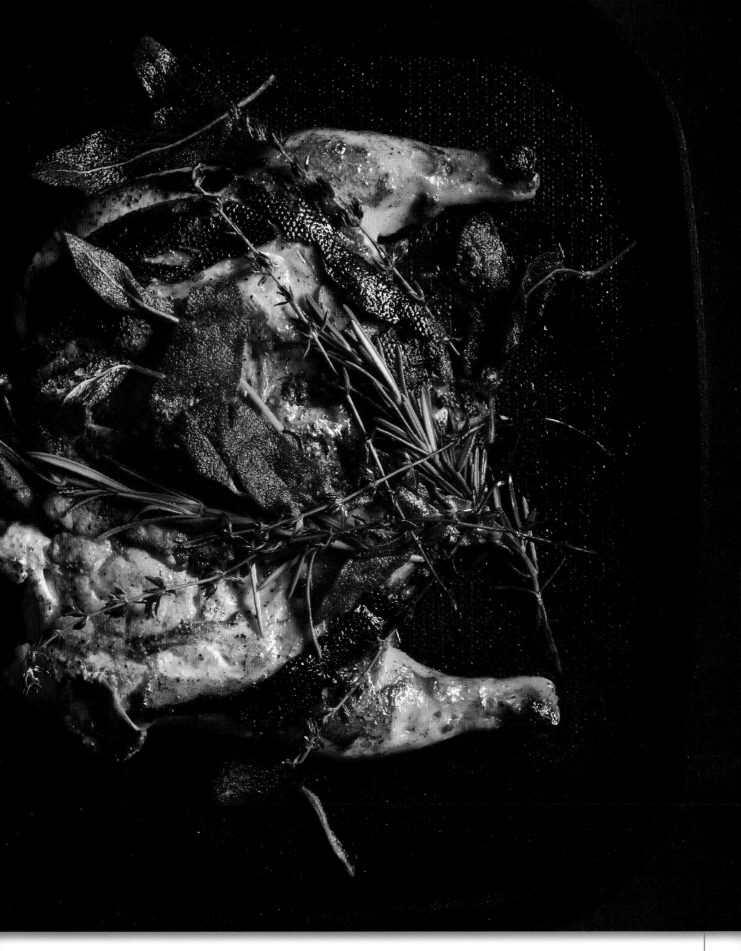

Crépes with Nutella

5 eggs
¼ cup powdered sugar
pinch of salt
½ oz. sweet butter (melted)
1 cup flour
1½ cup milk
container of Nutella

Mix eggs, sugar, salt and melted butter in a bowl. Add flour, and then milk. Mix well.
(If making a savory crepe dish, omit the powdered sugar.)

Strain the mix through a sieve. Warm a 9-inch non-stick pan and brush with butter.

Scoop 2 oz. of the liquid and pour it in the pan until it forms a thin layer. Use a spatula flip the crepe, cooking on both sides for a few seconds. When they are nice and golden place them to the side.

Let the crepes cool off. Add 1 tsp of Nutella in the middle of each crepe. Fold the crepes into a triangle or however you prefer. Place the crepes into the oven at 350°F for 2 minutes.

Sprinkle powdered sugar on top before serving.

Crépes alla Nutella

Dosi per 12 crespelle

5 uova
4 cucchiai di zucchero a velo
Un pizzico di sale
15gr di burro dolce (fuso)
230gr di farina
350 ml di latte
Un barattolo di Nutella

In una ciotola mescolate le uova, lo zucchero, il sale e il burro fuso. Quindi aggiungete la farina e il latte. Mescolate bene. (Se invece voleste preparare una crèpe salata, non inserite lo zucchero a velo nella miscela.)

Filtrate la miscela con un setaccio. Prendete una padella antiaderente da 22 cm di diametro, mettetela a riscaldare sul fuoco e spennellatela con il burro.

Versate con un mestolo 60 ml di liquido (circa 4 cucchiai) intorno alla padella in modo da formare uno strato sottile. Usate una spatola per capovolgere la crèpe e fatela cuocere su entrambi i lati per pochi secondi. Quando la crèpe è bella dorata, ponetela da parte.

Lasciate raffreddare le crespelle. Aggiungete 1 cucchiaino di Nutella al centro di ogni crèpe. Piegatele a formare un triangolo o come meglio preferite. Mettetele in forno alla temperatura di 180° gradi per 2 minuti.

Prima di servire le crèpes, cospargetele con lo zucchero a velo.

Coffee Granita

Serves 2

12 oz. espresso coffee or strong regular coffee
4 tbsp. sugar
whipped cream

Make espresso coffee or use strong regular coffee. Add the sugar into the coffee.

Let it cool off. Place the coffee into a freezer. Every half hour stir with a wooden spoon,
until it becomes crystallized and icy. (Around 2-3 hours)

Remove the coffee from the freezer and position into a martini glass. Serve with whipped cream.
If you forget to stir the coffee, you can put it into a blender and crush and serve.

Granita di Caffè

Per 2 persone

350 ml di caffè espresso
4 cucchiai di zucchero
Panna montata

Preparate il caffè espresso. Aggiungete lo zucchero.

Lasciate raffreddare il caffè, quindi mettetelo nel congelatore. Ogni mezz'ora abbiate cura di
mescolarlo con un cucchiaio di legno finché non diventa granita (circa 2-3 ore).

Prendete il caffè dal freezer e versatelo in un bicchiere da Martini. Servitelo con panna montata.
Se vi dimenticate di mescolare il caffè, mettetelo ghiacciato nel frullatore e frullatelo prima di servirlo.

Pizzelle with Sweet Ricotta & Chocolate   Makes 20 pizzelles

Pizzelle:
6 eggs
1½ cups sugar
1 cup butter, melted
1 teaspoon lemon zest
1 teaspoon vanilla extract
3½ cups all-purpose flour
4 teaspoons baking powder

Cannoli cream:
2 lbs. of ricotta cheese
12 oz. sugar
2 tbsp. vanilla extract
3 oz. chocolate chips
3 oz. confectioners sugar

In a medium bowl, beat the eggs with an electric mixer until they seem light. Add the sugar, butter, lemon zest and vanilla, mix well. Stir in the flour and baking powder.

Heat the pizzelle iron. Drop batter by teaspoonfuls onto the center of the patterns, close the lid and cook for about 30 seconds. Test the cooking time on the first one, because temperatures may vary. Remove the cookies carefully from the iron and cool on wire racks.

Using an electric mixer, beat the ricotta and sugar with the vanilla extract until is very creamy add chocolate chips.

To assemble the dessert, position the cream between the pizzelle. Dust with additional confectioners' sugar.

Pizzelle con Crema di Ricotta e Cioccolato   Dosi per 20 pizzelle

Per le pizzelle:
6 uova
230gr e mezza di zucchero
230gr di burro fuso
1 cucchiaino di scorza di limone
1 cucchiaino di estratto di vaniglia
690gr e mezza di farina
4 cucchiaini di lievito in polvere

Per la crema di ricotta:
900gr di ricotta
360gr di zucchero
2 cucchiai di estratto di vaniglia
90gr pezzetti di cioccolato
90gr di zucchero a velo

In una ciotola di media grandezza, sbattete le uova con lo sbattitore elettrico fino a quando montano. Aggiungete lo zucchero, il burro, la scorza di limone e la vaniglia, mescolando bene. Aggiungete poi la farina e il lievito.

Mettete a scaldare sul fuoco la piastra di ferro per le pizzelle. Fate cadere la pastella sul centro della piastra, chiudete il coperchio e fate cuocere per circa 30 secondi. Verificate il tempo di cottura per la prima pizzella, poiché la temperatura di volta in volta può variare. Rimuovete con delicatezza ogni pizzella dalla piastra e lasciatela raffreddare su una griglia.

Con un mixer elettrico sbattete la ricotta con lo zucchero e la vaniglia fino a quando non diventa molto cremosa, quindi aggiungete il cioccolato.

Confezionate il dessert spalmando la crema tra due pizzelle e decorate con una spruzzata di zucchero a velo.

Rum Raisin Bread Pudding with Caramel Sauce   Serves 6-8

Bread:

8 oz. golden raisins
2 cups of milk
1½ cups of heavy cream
5 eggs (beaten)

2 long loaves of bread
   (around 11 oz. each, cubed/no crust)
1 tablespoons vanilla extract
1 cup of sugar
4 oz. cups of light rum
Graham cracker crumbs

Caramel Sauce:

½ cup sugar
1 oz. butter (cut into pieces)
5 oz. heavy cream

Make bread: Preheat the oven to 350° F.

Hydrate raisins in hot water for 10 minutes until softened. Remove crust from bread and cut into cubes. Place in a large bowl.

Combine milk, cream, raisins, vanilla and ½ cup of sugar in a saucepan and bring to a boil.

In a separate bowl, whisk together eggs, ½ sugar and rum.

Pour milk mixture over the bread and mix until soft. Next, combine the bread with the egg mixture.

Butter a small baking pan (enough to fit servings) with unsalted butter and sprinkle with graham cracker crumbs. Fill pan with bread mixture and top with more graham cracker crumbs. Bake for 1 hour, or until an inserted toothpick comes out clean.

Make caramel: Boil heavy cream in a separate saucepan.

Cook sugar in a small saucepan until melted and all sugar is caramel colored.

Once the sugar has melted into a thick tan syrup, remove it from heat and add pieces of butter. Pour in the hot heavy cream and return it to the stovetop, cooking for an additional 5 minutes. Remove from heat and allow to cool. Sauce will thicken upon cooling.

To assemble:

Cut bread pudding into squares and pour the sauce on top. Bread pudding is best served at room temperature. Serve with ice cream.

Budino di Pane al Caramello   Dosi per 6-8 porzioni

Per il pane:

240gr di uvetta
500 ml di latte
375 ml di panna
5 uova (sbattute)

2 filoni di pane (circa 330gr
   ciascuno, a cubetti/senza crosta)
1 cucchiaio di estratto di vaniglia
200gr di zucchero
120 ml di rum chiaro

Per il caramello:

100gr di zucchero
30gr di burro
   (tagliato a pezzi)
150gr di panna

Preparazione del pane: Preriscaldare il forno a 180°C.

Mettete a bagno l'uva passa in acqua calda per 10 minuti fino a quando non si ammorbidisce. Togliete la crosta dal pane e tagliatelo a cubetti. Mettetelo in una terrina capiente.

Aggiungete il latte, la panna, l'uva passa, la vaniglia e mezza tazza di zucchero in una casseruola e portate ad ebollizione.

In una terrina mescolate insieme le uova, metà dose di zucchero e il rum.

Versate il composto di latte sul pane e mescolate fino a quando il composto non diventa morbido. Quindi aggiungete la miscela con le uova.

Imburrate una teglia da forno di piccole dimensioni (abbastanza piccola in modo da poter realizzare tutte le porzioni) con burro non salato. Riempite la teglia con il composto di pane . Fate cuocere in forno per 1 ora o fino a quando uno stecchino infilato nel composto ne esce pulito.

Preparazione del caramello: Portate ad ebollizione la panna in un pentolino a parte.

Fate cuocere lo zucchero in un pentolino fino a quando lo zucchero non si sia sciolto completamente e presenta un colore caramello.

Una volta che lo zucchero diviene uno sciroppo denso scuro, toglietelo dal fuoco e aggiungete i pezzi di burro. Quindi versate la panna calda, rimettete il caramello sul fuoco e fate cuocere per altri 5 minuti. Toglietelo dal fuoco e lasciatelo raffreddare. A mano a mano che si raffredda, il caramello si addenserà sempre di più.

Presentazione del piatto:

Tagliate il budino di pane a quadretti e versatevi sopra la salsa di caramello. Questo dolce è ottimo servito a temperatura ambiente ed accompagnato con gelato.

Cold Zabaione with Strawberries

4 egg yolks
8 tbsp. sugar
½ cup Marsala wine
½ cup white wine
1 cup heavy cream

Combine all ingredients except heavy cream in a copper bowl or glass bowl. Put the bowl over double boiler and whisk until it gets thick.

Transfer the zabaione into a cold bowl and let it cool off.

Whip the cream to a soft pick and mix it with the zabaione.

Serve with strawberries.

Zabaione con Fragole

Per 4 persone

4 rossi d'uova
8 cucchiai di zuchero
100gr di marsala
100gr di vino bianco
200gr di panna

Mettete tutti gli ingredienti tranne la panna in una ciotola di rame o vetro.

Mischiate bene e mettete tutto a bagnomaria.

Montate finché il composto è ben gonfio. Ritirate e versate lo zabaione in una coppa lasciate raffreddare.

Montate la panna e aggiungetela allo zabaione.

Servite lo zabaione freddo con fragole.

Sale, Pepe, Amore & Fantasia
Hardcover, 192 pages, full-color recipes, extensive wine section, biography and more.

To get a complimentary electronic copy of my first book, visit my website www.marcellosgroup.com and sign in for the V.I.P. Membership and an email will arrive to you with the downloading information.

Marcello Russodivito
Biography

On the beautiful Southeastern shore of Italy touching the sparkling blue waters of the Adriatic Sea is the Molise region. Established in 1963, this mostly mountainous area has an economy highly dependent on agriculture and the raising of livestock. This land can trace its history back to the last days of the Roman Empire. Surviving mass invasions from then up to the newly-created Kingdom of Italy in 1861, the Molise region continued to...

independent from Abruzzi. In 1970, 52 municipalities were separated out to form the Province of Isernia. Campobasso itself

Marcello's family in Italy
(left to right) brothers, Antonio and Adolfo, Marcello, his mother, Vittoria, brother, Lino and sister, Giusy

has been the capital of the Molise region since 1806, and was once known as an internationally famous area for cutlery craftsmanship...

six towers dating from the 13th century. Visitors today can marvel at the beautiful pastoral setting, good food—the Molise baby lamb is particularly famous—and the awe-inspiring churches reminding the villagers of their rich heritage. One such village of 7000 inhabitants, Riccia, is the ancestral home of Marcello Russodivito. It is roughly 70 miles from Naples and a three hour drive South of Rome. In this small picturesque village, Marcello began his career. Born one of five children, his father a tailor and taxi-cab driver and his mother a housewife, Marcello can trace his roots back to his earliest childhood.

square, delivering espresso, soda, and cappuccino requested by local businesses. In exchange for this service, the young Marcello would not accept any money, however, he did not refuse the offer of an occasional ice-cream. His father supported his commitment and even bought him a waiter's jacket for his Communion when he was 9 years old instead of a more traditional gift. His father recognized Marcello's interest in the hospitality industry, but he never saw the realization of Marcello's talents since he passed away one week after the Communion Service. Marcello was motivated to work hard and plan for a culinary profession. This was helped by a close connection to a bar/restaurant ... of the family. His guidance at this time was inspired ... Lino, who told him that in ... successful one must become

Left to right: Lucio, Adamo, Tulio and Marcello

Biography 11

MONTEFALCO ROSSO SAGRANTINO DOC (UMBRIA)
A small hilltop town located southeast of Perugia in Italy's Umbria region. The DOC zone covers the vineyards on the slopes around Montefalco, plus those of several neighboring villages. Montefalco makes a good-quality, full-flavored Rosso out of Sangiovese, Trebbiano and Sagrantino, plus a ...

Adanti Aquarta Montefalco Rosso Tiburzi Montefalco Rosso MONTEPULCIANO D'ABRUZZO DOC (ABRUZZO)
It is located in central Italy's Abruzzo region and that is not related to the Vino Nobile Di Montepulciano which is named after a town in the Tuscany region. Montepulciano D'Abruzzo is named after the grape variety Montepulciano which must make up about 85% of this DOC wine (the rest Sangiovese. Montepulciano DOC wines are generally ... although several producers ... Yield low the produce good, ... wines capable of long aging ... The same grapes go ... (dry Rose), which ... quite good.

Montepulciano d'Abruzzo
... with a distinct nose of plums, pepper and chocolate.
Montepulciano d'Abruzzo "Riparosso"
... intense ruby red with a distinct, pleasant vinous fragrance. The flavor is dry and ... tannins. Riparosso is a great accompaniment with roasted or braised red meats as ... savory dishes- ideal with lamb. Tomato based pasta without a doubt a delicious ... the best buys in all the red wine categories. Serve at room temperature.
Don Luigi from Molise

Full-blown red with loads of toasted oak and "jammy" aromas. Full-bodied, chewy with voluptuous tannin, a long berry and vanilla after taste.

Others:
Capestrano

Wine&Vineyards 35

... Serves 4

... er the horseradish with the 2 tbsp. of ... nd spread on top of the salmon. Then put ... mbs on top of that. Heat oil in a skillet, and ... ot, put in salmon crust side down, and sear ... ds, turn over and sear other side for 10 more ... the fish in a baking pan that has a little oil. ... out 12 minutes without turning at 400°.

... a medium saucepan, reduce the wine by ... en add cream and the 4 tbsp. of mustard. ... ooil, then simmer for 4 minutes until smooth.

... e: Put salmon on the plate and spoon the ... around it. Garnish with chopped tomatoes ...

Gamberi con Zucchine Fagioli e Frutti di Mare   Serves 2
Shrimp with Zucchini Cannellini Beans and Shell Fish

8 medium-large shrimp, cleaned
16 mussels, cleaned
16 manila clams, cleaned
1 zucchini, diced in small cubes
2 cups cooked cannellini beans with liquid
2 cloves garlic, sliced
1 cup tomato sauce (see page 154)
1/2 cup white wine
1/4 cup olive oil
pinch red pepper
salt and pepper to taste
6 leaves of fresh basil, chopped

1 In a sauté pan heat oil, add garlic and cook until brown. Remove from heat, add zucchini and shell fish. Bring back to fire. Cover and cook for 30 seconds then remove cover and add beans with liquid, wine, red pepper and tomato sauce.

2 Now add shrimp and chopped fresh basil and cook for 3 more minutes and serve. Shrimp should not be over cooked.

Wine suggestions Zinfandell or one of Marcello's favorites: Primitivo le Corte (see page 53)

Fish 123

Eggplant Capriccio

Serves 4

Filled Eggplant with Prosciutto and Mozzarella Marinated in Creamy Pesto Basil Sauce

4 slices of eggplant
  (very thin)
2 eggs
4 slices of prosciutto
flour

4 slices of mozzarella
extra virgin olive oil to cook

For Pesto Basil Cream Sauce:
See page 130

In medium pan, heat oil. In small bowl, beat eggs until blended. Dust eggplant with flour then dip into egg. Fry in heated oil until browned on both sides. Remove from oil, drain on paper towel and set aside to cool. Once eggplant is cool, place one slice each of prosciutto and mozzarella on top of eggplant and roll together. Place in deep baking dish. Repeat with remaining eggplant, prosciutto, and mozzarella.

To prepare the pesto basil cream sauce: Place all ingredients, except water and mayonnaise, in food processor. Mix until paste forms. Add water and mayonnaise and mix until sauce is very creamy but loose. Pour sauce over eggplant rolls. Marinate for 12 hours. Sauce will thicken upon standing. If sauce gets too thick, gradually add small amounts of water to desired consistency. Garnish with radicchio, tomatoes, basil and pignoli nuts. Serve cold.

Melanzane Capriccio

Per 4 persone

4 fette di melanzane
  (molto sottili)
2 uova
4 fette di prosciutto
Farina

4 fette di mozzarella
Olio di oliva per cucinare

Per la salsa cremosa di pesto al basilico:
vedi pagina 130

In una padella di media dimensione, fate scaldare l'olio. In una terrina piccola, sbattete le uova finchè non si amalgamano bene. Infarinate le fette di melanzane e poi immergetele nell'uovo. Friggetele nell'olio caldo finché non diventano dorate da entrambi i lati. Ora rimuovetele dall'olio e poggiatele su della carta assorbente affinché venga eliminato l'olio in eccesso e lasciatele raffreddare. Quando le melanzane si sono raffreddate, posizionate una fetta di prosciutto e una fetta di mozzarella sulle melanzane e arrotolate. Posizionatela in piccola pirofila.

Per preparare la salsa cremosa di pesto al basilico: Mettete tutti gli ingredienti, fatta eccezione per l'acqua e la maionese, in un robot da cucina (o mixer, o se volete ilmortaio). Mischiate finché non si forma un impasto. Aggiungete l'acqua e la maionese e mischiate finché la salsa non diventa molto cremosa, ma morbida. Versate la salsa sugli involtini di melanzane. Lasciateli marinare per 12 ore. La salsa si sarà addensata dopo aver riposato. Se la salsa è diventata troppo densa, aggiungete gradualmente una piccola quantità di acqua fino a raggiungere la consistenza che desiderate. Guarnite infine con del radicchio, pomodori, basilico e pinoli.
Servite freddo.

Crabcakes with Remoulade

1 lb. lump crabmeat
2 cups Japanese panco breadcrumbs
1 lemon rind, chopped fine
½ cup flat leaf parsley, chopped
3 tbsp. dijon mustard
½ cup red onion, chopped fine
3 tbsp. mayonnaise
¼ cup chopped chives
1 tbsp. worcestershire sauce

Remoulade:
1 cup sour cream or mayonnaise
3 apples, shredded
2 oz. horseradish
1 tsp. black pepper

Makes 8 Crabcakes

To Assemble Crabcakes: Mix together all ingredients with only a ½ cup of breadcrumbs. Form into cakes about 2" in diameter and about 1/4" high. Coat with breadcrumbs. Heat olive oil in a non-stick fry pan. Add crabcakes and sauté for 1½ minutes on each side over medium heat. Remove from pan and bake an additional 5 minutes in a 400° oven.

For Remoulade: Shred apple and place in a clean, dry cloth. Squeeze to remove juice. Combine apple and remaining ingredients and mix thoroughly.

To serve, place crabcakes on a plate with about a teaspoon of remoulade on the side. Garnish with greens of your choice.

Polpette di Granchio con Salsa Remoulade

Per fare 8 polpette di granchio:
1 500gr. di polpa di granchio
2 400gr di pangrattato giapponese panco o normale
La scorza grattugiata di 1 limone, tritata fine
100gr di foglia di prezzemolo, tritato
3 cucchiai di mostarda di Digione
½ di cipolla rossa, tritata fine
3 cucchiai di maionese

100gr di erba cipollina tritata
1 cucchiaio di salsa worcestershire

Per la salsa Remoulade
200gr di panna acida o maionese
3 mele affettate
30gr. Di pasta di rafano
1 cucchiaino di pepe nero e sale

Per formare le polpette di granchio: mischiate tutti gli ingredienti con solo 100gr di pangrattato. Formate delle polpette Impanatele con il resto del pangrattato. Fate scaldare l'olio d'oliva in una padella per friggere . Aggiungete le polpette di granchio e fatele soffriggere per circa mezzo minuto per ogni lato a fuoco medio. Toglietele quindi dalla padella e fatele cuocere per altri 5 minuti nel forno a 200 gradi

Per la salsa Remoulade: tritatele mele e riponetele in un panno asciutto e pulito. Schiacciatele per far uscire il succo. Aggiungete le mele ai restanti ingredienti e mischiate con cura.

Per servire, posizionate le polpette di granchio in un piatto con la salsa remoulade sul lato. Guarnite con verdure a vostra scelta.

Tuscan Bread Tomato Soup

1 medium onion, finely chopped
3 tbsp. olive oil
32 oz. tomatoes
4 cups chicken stock (see page 132)
½ cup fresh basil leaves
  (set aside some pretty leaves
  for garnish)

5-6 cups stale Italian bread cubes,
  crust removed
5 cloves garlic
salt and pepper to taste
extra virgin olive oil
¼ cup parmigiano

Pass the tomatoes through a food mill. In a large pot sauté the onions in the oil until they are translucent. Add the tomatoes and broth and bring to a boil. Reduce the soup to a simmer and cook 20 minutes.

In a saute pan put some extra virgin olive oil with some garlic add the bread and bake until crispy. Remove garlic and add bread to the soup. Simmer for 10 more minutes. Take a whisk and break up the bread
to thicken the soup. Remove from the heat.

To Serve: I like to serve this soup just slightly warm, garnished with a pretty sprig of basil, some cracked black pepper and a drizzle of very good olive oil and parmigiano.

Pappa al Pomodoro

1 cipolla di media dimensione, tritata fine
3 cucchiai di olio di oliva
1 kilo di pomodori pelati
1 litro di brodo di pollo (vedi pagina 132)
90gr di foglie di basilico fresco (mettete da
  parte alcune foglie graziose per guarnire)

500gr di pezzi di pane raffermo i, senza crosta
3 spicchi di aglio
sale e pepe quanto basta
Olio extra vergine di oliva
200gr di parmigiano

Passate i pomodori con un passatutto. In una pentola di larga dimensione, fate soffriggere la cipolla nell'olio finché non diventa trasparente. Aggiungete i pomodori e il brodo e portate il tutto ad ebollizione. A questo punto fate cuocere a fuoco lento per 20 minuti.

In una padella per soffriggere, mettete un po' di olio extra vergine di oliva con dell'aglio. Aggiungete il pane e fate cuocere finché non diventa croccante. Rimuovete l'aglio e aggiungete il pane alla zuppa. Lasciate bollire per altri 10 minuti. Prendete un frullino e rompete il pane per rendere la zuppa più densa. Toglietela quindi dal fuoco.

Per servire: A me piace servire questa zuppa tiepida, guarnita con delle foglie di basilico carine, con del pepe nero tritato e una pioggerella di un ottimo olio di oliva e del parmigiano.

Mini Hand-made Cavatelli with Light Tomato Ragu and Sausage

For the no egg-fresh pasta:
1½ cups of flour
  (semolina recommended)
1 cup of water
1 tbsp. extra virgin olive oil
1 tbsp. of salt

For the sauce:
12 oz. of San Marzano plum
  Italian tomatoes
4 links of Italian sausage
2 cloves of garlic
2 oz. of chopped onions

½ oz. basil leaves
salt, black pepper and red
  crushed pepper to taste
3 oz. extra virgin olive oil
4 oz. pecorino or parmigiano

To make pasta combine flour and salt in a mixing bowl. Create a crater in the center and add half cup of water and oil. Begin to work flour toward the center while mixing in all the ingredients. As pasta begins to form, add remaining water as needed. This type of pasta needs to be a little drier than basic pasta. Knead the pasta for a few minutes, cover it and let the pasta rest for 20 minutes.

Roll pasta into ½" thick sheets trim ends and sides until the pasta roughly resembles a rectangle. Cut into 1 inch-wide strips. Cut each strip crosswise into ½ inch matchstick pieces. Each matchstick piece is ready to be formed into a ciufoli shape. By pressing down firmly with the tip of your finger the pasta edges will curl and form the ciufoli shape. Make sure they are very thin. Put the ciufoli with a little semolina on a wood tray or baking pan ready to be cooked.

For the sauce: In a sauté pan, add oil, garlic and onion. Cook for a minute, add Italian sausage. Cook slowly for five minutes, add tomato, basil, salt, pepper and crushed red pepper. Simmer sauce for 30 minutes, cook pasta al dente then toss pasta in to the sauce. Add cheese and serve it very hot. Each dish will have a sausage link.

Ciufoli alla Riccese

Per la pasta senza uovo fresco:
350gr di farina
  (è consigliato il semolino)
1 cup di acqua
1 cucchiaio di olio extra vergine
  di oliva
1 cucchiaio di sale

Per la salsa:
500gr. di pomodori italiani
  San Marzano
salsicce a piacere
2 spicchi di aglio
1 cipolla tritata
10 foglie di basilico

sale, pepe quanto basta
60gr di olio extra vergine di oliva
120gr di pecorino o parmigiano

Per fare la pasta mettete la farina e il sale in una terrina. Create un buco al centro e aggiungete mezza cup di acqua e olio. Iniziate a lavorare la farina verso il centro mentre mischiate in essa tutti gli ingredienti. Non appena inizia a formarsi una pasta, aggiungete gradualmente l'acqua che è rimasta quando ne avete bisogno. Questo tipo di pasta necessita di essere un po' più secca della classica pasta. Impastate per alcuni minuti, poi copritela e lasciatela riposare per circa 20 minuti

Col matterello stendete la pasta finché la pasta non somigli più o meno ad un rettangolonon troppo sottile. Tagliate in strisce larghe ¼ di cm. Tagliate ogni striscia di traverso in pezzi sottili piccolissimi. Ogni pezzo sottile è pronto a prendere la forma dei ciufoli. Premendo con fermezza con la punta delle vostre dita, il bordo della pasta si arrotolerà e formerà un ciufolo. Assicuratevi che siano molto sottili. Mettete dunque i ciufoli con un po' di semolino in un vassoio con un telo pronti per essere cotti.

Per la salsa: In una padella far soffriggere l'aglio e la cipolla con l'olio cuocete per qualche minuto e aggiungete la salsiccia. Cuocete lentamente per 5 minuti, aggiungete quindi il pomodoro, il basilico, il sale, il pepe . Fate cuocere la salsa a fuoco lento per 30 minuti, cuocete la pasta al dente e poi gettate la pasta nella salsa. Aggiungete il formaggio e servitela molto calda.

Wine suggestion: Montepulciano D'Abruzzo or one of Marcello's favorites:
Zaccagnini Montepulciano D'Abruzzo, www.cantinazaccagnini.it

Sale, Pepe, Amore & Fantasia 89

Large-shaped Noodle with Speck, Zucchini and Parmigiano Sauce

1 lb. pappardelle
4 oz. speck, julienned
1 lb. baby zucchini, julienned
2 cups chicken stock (see page 132)
  or water from pasta
4 oz. Parmigiano Reggiano
  cheese, grated

2 oz. shaved parmigiano
8 oz. cherry tomatoes
2 oz. chopped chives
3 oz. butter
2 tbsp. extra virgin olive oil

In large pot, bring water to a boil. Add salt and pasta. Cook al dente.

Meanwhile, in large saucepan heat olive oil and half of butter. Add zucchini and speck. Cook about 1 minute. Add cherry tomatoes and chicken stock (or water from pasta).

Drain pappardelle and add to sauce. Add the remaining butter, Parmigiano and chives. Mix thoroughly. Serve in large bowl allowing the zucchini, speck and cherry tomatoes to be on top and garnish with shaved Parmigiano.

Pappardelle con Zucchine, Speck e Parmigiano

Per 4 persone

500gr di pappardelle
120gr di speck, tagliato a julienne
Mezza cipolla tritata
400gr di piccole zucchine, tagliate a julienne
250 ml di acqua di cottura della pasta
100gr di parmigiano reggiano grattugiato

60gr di parmigiano a scaglie
180gr di pomodori ciliegino tagliate a meta
60gr di erba cipollina tritata
90gr di burro
4 cucchiai di olio extra vergine di oliva

In una padella fate riscaldare l'olio e metà burro.

Aggiungete la cipolla e le zucchine fate cuocere per 1 minuto aggiungete i pomodori e lo speck e cuocete per un altro 1 minuto. Cuocete la pasta al dente.

Scolate la pasta e aggiungete alla salsa con un po di acqua di cottura. Aggiungete il restante burro, parmigiano e l'erba cipollina. Mischiate con cura. Servite in un piatto largo facendo in modo che le zucchine, lo speck e i pomodori siano in cima,guarnite il piatto con scaglie di parmigiano.

Wine suggestion: Pinot Nero or one of Marcello's favorites: Pinot Nero Torti Oltre Po Pavese
www.tortiwinepinotnero.com

Sale, Pepe, Amore & Fantasia 91

Orecchiette with Broccoli Rabe Purée and Sausage Serves 4

3 cloves garlic
1 lb. of broccoli rabe florets
½ cup extra virgin olive oil
3 links of Italian sausage
½ cup of pecorino or parmigiano or blend of two
1 tsp. red pepper
4 oz. cherry tomatoes
salt and pepper to taste

Poach broccoli rabe. When soft, toss it with garlic, oil, salt, pepper and a little red pepper.
Blend in a food processor with parmigiano or pecorino cheese and little extra virgin olive oil.

Roast or boil Italian sausage for five minutes, let it cool. Cook pasta al dente. In the time pasta is
cooking, cut the boiled sausage in small round pieces and sauté it with garlic and oil. Add pasta,
broccoli purée and little cheese. Toss it and serve.

Optional: You can add some tomato sauce and some oven roasted tomatoes to add color to the dish.

Orecchiette con Pesto di Cime di Rape e Salsiccia Per 4 persone

3 spicchi di aglio
500gr di cime di rape tagliate a pezzi
½ bicchiere di olio extra vergine di oliva
350gr di salsiccia dolce
120gr di pecorino o parmigiano o una mescolanza di entrambi
1 cucchiaino di peperoncino
100gr di pomodori ciliegino tagliati a meta
sale e pepe quanto basta

Fate bollire le cime di rapa. Quando diventano morbide, fatele saltare con l'aglio, l'olio,
il sale, il pepe e un po' di peperoncino. Frullate il tutto in un mixer con il parmigiano o il
pecorino e un po' di olio extra vergine di oliva e mettete il conposto il una ciottola.

Fate arrostire o bollire le salsicce per 5 minuti e lasciatele raffreddare. Cuocete la pasta
al dente. Mentre la pasta cuoce, tagliate le salsicce in piccoli pezzi rotondi e saltateli con
aglio e olio e i pomodoretti. Aggiungete la pasta, il purée di broccoli e un po' di formaggio.
Fate saltare il tutto e servite.

Wine suggestion: Salice Salentino Taurino
www.taurinovini.it

Wild Mushroom Ravioli with Herbs & Parmigiano Sauce — Serves 4
(40 Ravioli)

For Stuffing:
5 oz. each of Portobello, Shiitake,
  Oyster and Porcini mushrooms,
  cleaned and diced
4 tbsp. Parmigiano Reggiano
1 oz. butter
1½ oz. extra virgin olive oil
1 medium onion, chopped
salt & pepper to taste

Ravioli Preparation:
40 wonton wrappers or ravioli
dough
egg wash

Butter Parmigiano Herb Sauce:
1 stick of butter
1 fresh plum tomato,
  seeded and diced

2 tbsp. fresh sage, chopped
6 oz. chicken stock (see page 132)
2 tbsp. fresh chives, chopped
2 oz. Parmigiano Reggiano
salt and pepper to taste
some shaved Parmigiano Reggiano
  (for garnish)

For Stuffing: Add butter and olive oil into a large fry pan. Sweat onions and add mushrooms. Sauté until cooked through. Remove from heat, add parmigiano. Pass mushroom mixture through food processor until finely minced. Add salt and pepper to taste.

For Ravioli Preparation: Lay out wonton wrappers. Place ½ oz. mushroom mix into center of each wonton. Paint the outside edges of wonton with egg wash. Fold wonton over and press around the edges to seal completely. Cook for 2 minutes in salted, boiling water. Drain and serve with Butter Parmigiano Herb sauce.

For Butter Parmigiano Herb Sauce: In a small saucepan, combine butter and sage. Cook for a few seconds, add chicken stock.

To Serve: Lightly toss ravioli in sauce until evenly coated. Add some grated cheese. Place in deep serving dish and garnish with shaved Parmigiano Reggiano and diced tomato.

Ravioli di Funghi alle Erbe e Parmigiano — Per 4 persone
(40 Ravioli)

Per il ripieno:
500gr di funghi misti puliti e
  tagliati a dadini
4 cucchiai di parmigiano reggiano
30gr. Di burro
50gr. Di olio extra vergine di oliva
1 cipolla di media dimensione, tritata
sale & pepe quanto basta

Per preparare i ravioli:
pasta per ravioli
Uovo sbattuto

**Per la salsa di burro,
  parmigiano e erbe:**
1 100gr di burro
1 pomodoro fresco, senza semi
  e tagliato a dadini

2 cucchiai di salvia fresca, tritata
180gr. Di brodo di pollo (vedi pagina 132)
2 cucchiai di erba cipollina fresca,
  tritata
4 cucchiai Di parmigiano reggiano
  grattugiato
sale e pepe quanto basta
Del parmigiano reggiano a scaglie
  (per guarnire)

Per il ripieno: Aggiungete il burro e l'olio di oliva in una padella per friggere i. Fate dorare le cipolle e aggiungete i funghi. Fateli saltare finché non si cuociono insieme. Toglieteli dunque dal fuoco, aggiungete il parmigiano. Passate il composto con i funghi in un mixer finché non sia tritato per bene. Aggiungete infine sale e pepe quanto basta.

Per la preparazione dei ravioli: Stendete la pasta e fate dei cerchi a piacere. Posizionate il composto ai funghi al centro di ognuno . Stendete l'uovo sbattuto sul bordo della pasta. Coprite con un altro cerchio di pasta premete sul bordo per chiuderlo per bene. Cuoceteli per 3 minuti in acqua salata bollente. Scolateli e serviteli con la salsa alle erbe e parmigiano

Per la salsa al burro, erbe e parmigiano: In una casseruola di piccole dimensioni, mischiate burro e salvia. Cuocete per pochi secondi, aggiungete dunque il brodo di pollo.

Per servire: Delicatamente mescolate i ravioli nella salsa finché non siano ricoperti ugualmente. Aggiungete del formaggio grattugiato. Posizionate in un piatto da portata profondo e guarnite con il parmigiano reggiano a scaglie e i pomodori a dadini.

Wine suggestion: Chianti Classico or one of Marcello's favorites:
Chianti Classico Gold Riserva Ruffino, www.ruffino.com

Sale, Pepe, Amore & Fantasia 95

Pasta with Cuttlefish or Calamari

8 oz. pasta - linguine, capellini or spaghetti
2 cloves garlic, chopped
8 oz. fish, sliced
  (cuttlefish or calamari)
2 oz. extra virgin olive oil

3 oz. sweet cherry tomatoes, cut in half
chives or parsley
few capers (optional)
few black olives (optional)
red pepper (optional)

In a large sauce pan, saute garlic in olive oil over a low flame until garlic is golden.
Turn flame off and add fish. Let water evaporate and return to fire. Cook for 2 minutes.
Add tomatoes and cook for only one more minute.

Boil pasta in salted water until al dente. Drain, reserving some water. Add pasta to
sauce pan with some water. Add the herbs. Add the capers or black olives if desired.
If you add capers and olives, salt is not necessary.

The sauce of this recipe takes only 5 minutes to cook. You can make the sauce while
cooking the pasta.

Pasta con Seppie o Calamari

250gr. Di pasta di tipo linguine, capellini o spaghetti
2 spicchi di aglio, tritato
250gr di seppia o calamari tagliate a piccoli pezzi
30gr di olio extra vergine di oliva
30gr di pomodori ciliegino dolci, tagliati a metà

2 cucchiai di Erba cipollina o prezzemolo
Un po' di capperi (facoltativi)
Un po' di olive nere (facoltative)
Peperoncino (facoltativo)

In una padella fate soffriggere l'aglio nell'olio di oliva a fiamma bassa finché l'aglio non diventi
dorato. Spegnete il fuoco e aggiungete il pesce. Lasciate evaporare l'acqua e riaccendete il fuoco.
Cuocete per 2 minuti. Aggiungete i pomodori e cuocete per un altro minuto e basta.

Cuocete la pasta al dente in acqua salata. Scolate la pasta e conservate un po' di acqua di cottura.
Versate la pasta nella casseruola con dell'acqua di cottura. Aggiungete le erbe. Aggiungete i capperi
o le olive nere se volete se aggiungete i capperi e le olive, il sale non è necessario.

Il condimento di questa ricetta impiega solo 5 minuti per cuocere. Quindi potete preparare il
condimento mentre la pasta cuoce.

Wine suggestion: Pinot Grigio or one of Marcello's favorites: Hofstätter Pinot Grigio
www.hofstatter.com

Pasta with White Clam Sauce

Serves 2

8 oz. pasta – linguine, capellini or spaghetti
2 oz. extra virgin olive oil
2 cloves garlic, chopped
1 oz. chives or parsley, chopped
1 dozen Manila clams
red and/or black pepper to taste

In a large saucepan, sauté garlic in olive oil over a low flame until garlic is golden brown. Add clams. Cook for 2 minutes until clams are open.

In a large pot, boil pasta in salted water until al dente. Drain, reserving some of the water. Add pasta to the saucepan with some of the reserved water. Add the herbs and some extra virgin olive oil. Toss to coat. Serve in a pasta bowl.

Pasta alle Vongole in Bianco

Per 2 persone

Pasta alle vongole in bianco
Per 2 persone
250gr di pasta di tipo linguine,
   capellini o spaghetti
60gr di olio extra vergine di oliva
2 spicchi di aglio, tritato
30gr di erba cipollina o di prezzemolo, tritato
2 dozzina di vongole
Peperoncino quanto basta

In una Padella fate soffriggere l'aglio nell'olio a fiamma bassa finché l'aglio non diventa dorato. Aggiungete le vongole. Cuocete per due minuti finché le vongole non si aprono.

Cuocete la pasta al dente in acqua salata. Scolate la pasta, conservando dell'acqua di cottura. Versate la pasta nella casseruola con l'acqua di cottura conservata cucinate la pasta per un altro minuto insieme alle vongole poi aggiungete le erbe e dell'olio extra vergine di oliva. Servite la pasta ben calda.

Wine suggestion: Colomba Platino Duca Di Salaparuta
www.duca.it

Potato Gnocchi with Tomato and Mozzarella Cheese

Serves 4

For the Gnocchi:
(see page 128)

For the sauce:
1 tsp. hot pepper flakes
4 cups basic tomato sauce (see recipe page 126)

1 tsp. Kosher salt or to taste
8 fresh basil leaves
½ lb. fresh mozzarella, cut into 1/4 inch cubes
3 oz. parmigiano cheese
2 oz. olive oil
1 garlic clove, sliced

In a sauté pan heat olive oil with garlic and red pepper. Add tomato sauce and some basil and bring to boil.

Drop the gnocchi into the boiling water and cook until floating aggressively, 2 to 3 minutes. Carefully transfer the gnocchi to the pan with the sauce using a slotted spoon. Turn the heat to medium and toss gently for about 30 seconds. Tear the basil leaves into a few pieces and add them along with the mozzarella cubes.

Toss together for 30 seconds longer, pour into a heated bowl and serve immediately with some parmigiano. Garnish the gnocchi with some basil.

Gnocchi di Patate con Pomodoro e Mozzarella

Per 4 persone

Per gli gnocchi:
(vedi la pagina 128)

Per il condimento:
1 cucchiaio di peperoncino a pezzettini
4 tazza di salsa al pomodoro classica
  (vedi la ricetta a pagina 126)

1 cucchiaio di sale o quanto basta
8 foglie di basilico fresco
300gr di mozzarella fior di latte o bufala,
  tagliata a cubetti
100gr di parmigiano
60gr di olio di oliva
1 spicchio di aglio, a fette

In una padella per soffriggere fate cuocere l'olio di oliva con l'aglio e il peperoncino. Aggiungete la salsa di pomodoro e alcune foglie di basilico e portate ad ebollizione.

Versate gli gnocchi nell'acqua bollente e cuocete finché non galleggiano con forza, 2 o 3 minuti. Con attenzione, trasferite gli gnocchi nella padella con la salsa usando una schiumarola. Portate la temperatura a fuoco medio e mescolate delicatamente per circa 30 secondi. Tagliate il basilico in piccoli pezzi e aggiungetelo con i cubetti di mozzarella.

Mescolate il tutto per non più di 30 secondi, versate in un piatto caldo e servite immediatamente con del parmigiano. Guarnite gli gnocchi con del basilico.

Risotto with Spring Vegetables

Serves 4

1 lb. Arborio rice
4 oz. butter
2 oz. extra virgin olive oil
1 cup dry white wine
½ cup grated parmigiano

1 small onion, diced
5 cups vegetable broth (see page 132)
seasonal assorted vegetables
   (zucchini, asparagus, peas)

Sauté mixed vegetables in oil and stir fry for 2-3 minutes, until al dente. Season with salt and pepper. Set aside.

Heat oil and butter in saucepan, add onion, and fry until golden. Add rice and stir for 1 minute until rice is coated. Add wine and stir for 1 minute. Add broth a little at a time stirring occasionally until rice is almost cooked, about 17 minutes.

Add vegetables to the rice, cook for 3 more minutes and rice should be al dente. You can keep this recipe pure vegetarian by adding a little extra virgin olive oil or put a little butter and parmigiano and serve.

Risotto con Verdure Primavera

Per 4 persone

500gr. di riso arborio
100gr di burro
60gr di olio extra vergine di oliva
1 bicchiere di vino bianco secco
100gr di parmigiano grattugiato

1 cipolla di piccole dimensioni, tagliata fine
1 litri e mezzo di brodo vegetale
   (vedi pagina 132)
Verdure assortite di stagione
   (zucchine, asparagi, piselli)

Fate saltare le verdure nell'olio e mescolate per 2-3 minuti finché non si cuociono al dente. Insaporite con sale e pepe. Mettetele da parte.

Fate cuocere l'olio e il burro in una padella, aggiungete le cipolle e friggete finché non diventino dorate. Aggiungete il riso e mescolate per 1 minuto finché il riso non sia ben amalgamato. Aggiungete il vino e mescolate per un minuto. Aggiungete il brodo un po' alla volta mescolando di tanto in tanto finché il riso non sia quasi cotto, circa 17 minuti.

Aggiungete le verdure al riso, cuocete per altri 3 minuti e il riso dev'essere al dente. Potete mantenere questa ricetta del tutto vegetariana aggiungendo un po' di olio extra vergine di oliva o potete aggiungere un po' di burro e parmigiano e servire.

Seafood Soup

4 oz. calamari
6 oz. monkfish
12 mussels
12 clams
4 shrimp
4 medium scallops
3 cloves garlic, chopped
4 cups fish or vegetable stock (see page 132)

1 cup tomato sauce (see page 126)
pinch of saffron
1 cup white wine
flour
¼ cup extra virgin olive oil
¼ cup Italian parsley, chopped
salt and pepper to taste

In a deep sauce pan, add olive oil and garlic. Dust all fish in flour except the mussels, clams, shrimp and calamari. Add monkfish and scallops to the pan, searing for 30 seconds on each side. Season with salt and pepper.

Add wine and let evaporate. Add stock, tomato sauce and saffron.

Bring to a boil and then add mussels, clams and calamari. Cook an additional 10 minutes. Two minutes before serving, add shrimp and chopped Italian parsley. Serve with garlic bread.

Zuppa di Pesce

120gr di calamari
180gr di pescatrice
12 cozze
12 vongole
4 gamberi
4 capesante di media dimensione
1 scorfano di 500gr
3 spicchi di aglio, tritati

4 tazze di brodo di pesce o vegetale o solo acqua (vedi pagina 132)
230gr di salsa di pomodoro (vedi pagina 126)
Un pizzico di zafferano
1 bichiere di vino bianco
Farina
¼ cup di olio extra vergine di oliva
¼ cup di prezzemolo italiano, tritato
sale e pepe quanto basta

In una casseruola profonda, aggiungete l'olio di oliva e l'aglio. Infarinate tutti i pesci tranne le cozze, le vongole, i gamberi e i calamari. Aggiungete la pescatrice e le capesante nella casseruola, facendole cuocere per 30 secondi su ogni lato. Insaporire con sale e pepe.

Aggiungete il vino e lasciatelo evaporare. Aggiungete il brodo, la salsa di pomodoro e lo zafferano.

Portate il tutto a ebollizione e cuocete a basso fuoco per 10 minuti aggiungete le cozze, le vongole e i calamari. Cuocete per altri 10 minuti. Due minuti prima di servire, aggiungete i gamberi e il prezzemolo italiano tritato. Servite con delle bruschette all'aglio.

Salmon with Horseradish Crust and Mustard Sauce — Serves 4

4 pieces of salmon (8 oz. each)
¼ cup olive oil to cook the salmon

For the crust:
4 tbsp. horseradish
2 tbsp. dijon mustard
1 cup Japanese panco breadcrumbs or
   plain bread crumbs

For the sauce:
pepper, optional
½ cup white wine
½ cup heavy cream
4 tbsp. dijon mustard
chopped tomatoes
chopped chives

Mix together the horseradish with the 2 tbsp. of mustard, and spread on top of the salmon. Then put the breadcrumbs on top of that. Heat oil in a skillet, and when very hot, put in salmon crust side down, and sear for 10 seconds, turn over and sear other side for 10 more seconds. Put the fish in a baking pan that has a little oil. Bake for about 12 minutes without turning at 400°.

Sauce: In a medium saucepan, reduce the wine by half. Then add cream and the 4 tbsp. of mustard. Bring to a boil, then simmer for 4 minutes until smooth.

To serve: Put salmon on the plate and spoon the sauce around it. Garnish with chopped tomatoes and chives.

Salmone in Crosta di Rafano e Salsa alla Senape — Per 4 persone

4 pezzi di salmone (200gr ognuno)
Mezzo bicchiere di olio di oliva per cuocere il salmone

Per la crosta:
4 cucchiai di rafano
2 cucchiai di senape di Digione o a piacere
230gr di pangrattato giapponese panco o di pangrattato semplice

Per la salsa:
Pepe, facoltativo
½ bicchiere di vino bianco
100gr di panna grassa
4 cucchiai di senape di Digione
Pomodori tritati
Erba cipollina tritata

Mischiate il rafano con 2 cucchiai di senape e spalmateli sul salmone. Poi mettete il pangrattato su di esso. Mettere a scaldare l'olio in una padella e quando è molto bollente, mettete il salmone con la crosta rivolta verso il basso e fate scottare per 10 secondi, poi giratelo e fate scottare per altri 10 secondi. Mettete dunque il pesce in una teglia con un po' di olio. Cuocete in forno per circa 12 minuti 170 gradi

Per la salsa: In una casseruola di media dimensione, fate ridurre il vino della metà. Poi aggiungete la panna e 4 cucchiai di senape. Portate ad ebollizione e fate cuocere a fuoco lento per 4 minuti finché non si amalgama.

Per servire: Posizionate il salmone sul piatto e versate con il cucchiaio la salsa intorno ad esso. Guarnite con dei pomodori e dell'erba cipollina tritati.

Shrimp with Zucchini Cannellini Beans and Shell Fish   Serves 2

8 medium-large shrimp, cleaned
16 mussels, cleaned
16 manila clams, cleaned
1 zucchini, diced in small cubes
2 cups cooked cannellini beans with liquid
2 cloves garlic, sliced

1 cup tomato sauce (see page 126)
½ cup white wine
¼ cup olive oil
pinch red pepper
salt and pepper to taste
6 leaves of fresh basil, chopped

In a sauté pan heat oil, add garlic and cook until brown. Remove from heat, add zucchini and shell fish. Bring back to fire. Cover and cook for 30 seconds then remove cover and add beans with liquid, wine, red pepper and tomato sauce.

Now add shrimp and chopped fresh basil and cook for 3 more minutes and serve. Shrimp should not be over cooked.

Gamberi con Zucchine Fagioli Cannellini   Per 2 persone
e Frutti di Mare

8 gamberi di grandi o media dimensione, puliti
16 cozze, pulite
16 vongole Manila, pulite
1 zucchina, tagliata in piccoli cubetti
2 tazza di fagioli cannellini cotti con il liquido
2 spicchi di aglio, tagliati a fettine

230gr di salsa di pomodoro (vedi pagina 126)
½ bicchiere di vino bianco
90gr di olio di oliva
Un pizzico di peperoncino
sale e pepe quanto basta
6 foglie di basilico fresco, tritato

In una padella per saltare, mettete a scaldare l'olio, aggiungete l'aglio e fate cuocere finché non diventa dorato. Togliete dal fuoco, aggiungete la zucchina e i frutti di mare. Riaccendete il fuoco. Coprite con un coperchio e cuocete per 30 secondi, poi togliete il coperchio e aggiungete i fagioli con il liquido, il vino, il peperoncino e la salsa di pomodoro.

Ora aggiungete i gamberi e il basilico fresco tritato e fate cuocere per altri 3 minuti e servite. I gamberi non devono essere troppo cotti.

Wine suggestion: Orvieto bigi
www.cantinebigi.it/en/orvieto.php

Breast of Chicken with Sweet Peppers, Italian Sausage and Balsamic Sauce

Serves 2

14 oz. chicken breast
8 oz. Italian sausage
1 small yellow pepper
1 small red pepper
½ small onion
3 oz. balsamic vinegar
1 clove garlic

fresh rosemary
flour
4 oz. chicken stock (see page 132)
2 oz. fresh parsley
4 oz. olive oil
salt and pepper to taste

Cut the chicken into small cubes, 1 inch long, and do the same for the peppers and the onions.

Bake the sausage for 10 minutes so it is still very juicy. Let it rest and then cut up the sausage the same as the chicken. Heat olive oil in a sauté pan. Add onions, peppers and chopped garlic.

Stir-fry for 3 minutes, and then add the chicken that has been floured and the sausage. Cook for 5 minutes then add salt and pepper to taste. At the last minute add balsamic vinegar and reduce. Add chicken stock, cook 1 more minute, add fresh parsley and serve with garlic bread.

Pollo con Salsiccia, Peperoni e Aceto Balsamico

Per 2 persone

300gr di petto di pollo
150gr di salsiccia
1 peperone giallo di piccola dimensione
1 peperone rosso di piccola dimensione
½ cipolla di piccola dimensione
70gr di aceto balsamico
1 spicchio di aglio

Rosmarino fresco
Farina
100gr di brodo di pollo (vedi pagina 132)
Un po di di prezzemolo fresco
120gr di olio di oliva
sale e pepe quanto basta

Tagliate il pollo in piccoli cubetti, lunghi 1 pollice e fate la stessa cosa con i peperoni e la cipolla.

Cuocete la salsiccia in forno per 10 minuti così resta molto succosa. Lasciatela riposare e poi tagliate la salsiccia allo stesso modo del pollo. Fate scaldare l'olio di oliva in una padella per friggere. Aggiungete la cipolla, i peperoni e l'aglio tritato.

Fate cucinare per 3 minuti e poi aggiungete il pollo che è stato infarinato e la salsiccia e il rosmarino. Cuocete per 5 minuti, poi aggiungete sale e pepe quanto basta. All'ultimo minuto aggiungete l'aceto balsamico e fatelo ridurre. Aggiungete il brodo di pollo, cuocete per un altro minuto, aggiungete il prezzemolo fresco e servite con delle bruschette.

Pignoli-Crusted Chicken with Raisins, Sweet Peppers and Marsala Glaze

Serves 4

1½ lbs. chicken breast
1 cup marsala wine
¼ cup of sugar
½ cup dry raisins
1 cup pignoli nuts, crushed
1 large yellow pepper, julienned
1 large red pepper, julienned

1 onion, julienned
¼ lb. salted butter
¼ cup olive oil
fresh parsley, chopped
2 egg whites
salt and pepper to taste

Soak raisins in hot water and set aside. Lightly flour the chicken, season with salt and pepper, dip in egg whites, then dust with crushed pignoli nuts. Sauté the chicken in butter, crust side down for about 30 seconds on each side. Set aside.

In a separate pan, sauté onions and peppers in olive oil. Add drained raisins and the rest of the pignoli nuts. Add salt and pepper to taste and continue sautéing until well cooked for about 10 minutes.

Place chicken in a 450° oven and cook for 10 minutes. To serve, place chicken on plate, top with onion mixture and sprinkle with fresh parsley.

For Marsala glaze: Reduce 1 cup of marsala wine with 1¼ cups of sugar to half. When cold it will become like a syrup. Drizzle this on top of chicken.

Petti di Pollo in Crosta di Pignoli e Glassa di Marsala

Per 4 persone

700gr di petto di pollo
250ml di vino marsala
120gr di zucchero
150gr di uvetta passa
60gr di capperi
250gr di pinoli, tritati o pistacchi

1 peperone giallo di grandi
 dimensioni, tagliato a julienne
1 peperone rosso di grandi
 dimensioni, tagliato a julienne
1 cipolla, tagliata a julienne
250ml di olio di oliva per friggere

150ml extra vergine olive oil
Prezzemolo fresco, tritato
2 albumi
sale e pepe quanto basta

Mettete a bagno in dell'acqua calda l'uvetta passa e mettetela da parte. Infarinate leggermente il pollo, insapori telo con sale e pepe, intingetelo nell'albume, poi spolveratelo con i pinoli tritati. Fate saltare il pollo nel olio, fate fare la crosta tenendoli per circa 30 secondi su ogni lato. Mettetelo da parte.

In una padella diversa, fate saltare la cipolla e i peperoni nell'olio extra vergine di oliva. Aggiungete l'uvetta passa scolata e i capperi. Aggiungete sale e pepe quanto basta e continuate e saltare finché non sia ben cotto per circa 10 minuti.

Mettete il pollo nel forno a 180 e cuocete per 10 minuti. Per servire, posizionate il pollo sul piatto e in cima mettete il misto di cipolla e spolverate con del prezzemolo fresco.

Per la glassa di marsala: Fate ridurre alla metà la marsala con lo zucchero. Quando si raffredda diventerà come uno sciroppo. Versate ciò ai lati del piatto.

Wine suggestion: *Calanica rosso*
http://www.duca.it

Lamb Chops with Broccoli Rabe

Serves 4

16 lamb chops, center cut
1½ lbs. broccoli rabe, without stems
12 cloves garlic, crushed
3 stalks fresh rosemary
1 cup extra virgin olive oil
salt to taste
red pepper flakes to taste

Marinate lamb chops in ½ cup olive oil, 8 cloves of garlic and fresh rosemary for 3 hours.

Steam broccoli rabe for a few minutes, drain and set aside. Put ½ cup olive oil in frying pan. Fry lamb chops on a high heat until chops are crispy and cooked pink. Set aside.

In the same oil, add 4 cloves of garlic and cook until golden. Add broccoli rabe, salt and red pepper flakes to taste. Arrange chops on plate in a circle with broccoli rabe in the middle. Sprinkle with a little extra virgin olive oil.

Costolette d'Agnello con Cime di Rape

Per 4 persone

16 costolette di agnello, tagliate
700gr di cime di rape, senza gambo
6 spicchi di aglio, pestati
3 gambi di rosmarino fresco
200ml di olio extra vergine di oliva
Sale quanto basta
Peperoncino quanto basta

Fate marinare le costolette di agnello in meta di olio di oliva, e 4 spicchi di aglio e del rosmarino fresco per circa 3 ore.

Fate cuocere al vapore le cime di rape per pochi minuti, fatele scolare e mettetele da parte. Versate il resto del olio di oliva in una padella per friggere. Friggete le costolette di agnello a fuoco alto finché le costolette non diventino croccanti e diventino rosa. Mettetele dunque da parte.

Nello stesso olio, aggiungete 4 spicchi di aglio e cuocete finché non diventino dorati. Aggiungete le cime di rape, sale e peperoncino quanto basta. Sistemate le costolette in un piatto formando un cerchio e mettendo le cime di rape al centro. Completate con un filo di olio extra vergine di oliva.

Wine suggestion: Montepulciano D'Abruzzo or one of Marcello's favorites:
Don Luigi Di Maio Norante from Molise Region, www.dimajonorante.com

Sale, Pepe, Amore & Fantasia 115

Lamb Shanks with Mushroom Ragù

Serves 4

4 lamb shanks
Kosher salt and freshly ground pepper
¾ lb. mixed fresh mushrooms (such as shiitake,
   Portobello, chanterelle, dry porcini) roughly chopped
1 tbsp. minced garlic
1 cup diced onion (¼ inch diced)
½ cup diced carrot (¼ inch diced)
½ cup diced celery (¼ inch diced)

2 cups dry red wine
1 bay leaf
3 cups chicken stock (see page 132)
3 cups tomatoes, peeled, seeded and chopped
3 tbsp. finely chopped fresh basil
1 tbsp. oregano, finely chopped
½ cup olive oil

Preheat the oven to 300°F. Heat half of the olive oil in a baking pan. Season the shanks with salt and pepper and brown on all sides, about 10 minutes. Remove to a plate.

In the same baking pan, add the remaining olive oil and the garlic and sauté briefly until light brown. Add the onion, carrots, and celery and season with salt and pepper. Sauté until light brown, about 8 minutes. Bring the shank back in the pan with the vegetables and add mushrooms. Cook for a few minutes.

Add the wine and bay leaf, bring to a boil over high heat and cook until it is reduced by half. Add the stock and tomatoes and bring to a boil again. Place meat in the oven to braise until fork tender. Test at 2 hours, but the shanks may take as long as 4 hours.

Let the meat cool in the liquid to room temperature. Remove from the braising liquid and reserve separately. Skim off and discard the fat from the braising liquid. Sauce should not be too loose or too thick. You can cook this dish one or two days ahead. The meat will have much more flavor. You can serve this dish with risotto, mash potatoes or pasta.

Ossobuco d'Agnello con Funghi

Per 4 persone

4 pezzi di stinco di agnello
sale e pepe appena macinato
500gr Di funghi misti e freschi tagliati a datolini
1 cucchiaio di aglio macinato
1 cipolla tagliate a dadini
1 carota tagliata a dadini
½ tazza di sedano tagliato a dadini

2 bicchieri di vino rosso secco
1 foglia di alloro
1lt di brodo di pollo (vedi pagina 132)
250gr di pomodori, pelati, senza semi e tritati
10 foglie di basilico fresco tritato finemente
1 cucchiaio di origano, tritato finemente
150gr cup di olio di oliva

Fate riscaldare il forno a 150°F. Fate scaldare la metà dell'olio di oliva in una padella. Insaporite gli stinchi di agnello con sale e pepe e fateli rosolare su entrambi i lati, circa 10 minuti. Spostateli dunque su un piatto.

Nella stessa padella, aggiungete il restante olio di oliva e l'aglio e fatelo saltare per poco tempo finché non diventi leggermente rosolato. Aggiungete la cipolla, le carote e il sedano e insaporite con sale e pepe. Saltate finché non si rosolino leggermente, circa 8 minuti. Riportate gli stinchi di agnello nella padella con le verdure e aggiungete i funghi. Cuocete per pochi minuti.

Aggiungete il vino e la foglia di alloro, portate ad ebollizione a fuoco alto e cuocete finché non si riduce della metà. Aggiungete il brodo e i pomodori e portate di nuovo ad ebollizione. Mettete la carne nel forno per farla brasare finché con una forchetta non la sentiate tenera. Provate dopo 3 ore, ma gli stinchi potrebbero impiegare anche 4 ore.

Lasciate raffreddare la carne nel liquido a temperatura ambiente. Toglietela dal liquido il brasato. Togliete la schiuma e scartate il grasso dal liquido del brasato. La salsa non deve essere né troppo lenta né troppo densa. Potete cuocere questa pietanza anche uno o due giorni prima. La carne avrà così più sapore. Potete servire questa pietanza con del risotto, con del purè di patate o con della pasta.

Wine suggestion: Super Tuscan or one of Marcello's favorites: Col Di Sasso Banfi
www.castellobanfi.com

Italian Cheesecake

6 eggs
1 cup sugar
¾ cup sweet butter
24 oz. ricotta cheese
8 oz. mascarpone cheese
½ oz. lemon zest
1 tsp. vanilla extract
1 tsp. orange extract
6 oz. crushed graham cracker crumbs

In a bowl mix ricotta, mascarpone, sugar and eggs until very smooth. You can use electric mixer on slow speed.

Add 3/4 cup melted butter, lemon zest, vanilla and orange extract.

In a 6 or 8 inch spring form, brush with the rest of the butter and sprinkle with crushed graham cracker crumbs.

Add ricotta mix, sprinkle more graham cracker crumbs on top and bake for 60 minutes at 350°.

Torta di Ricotta

Per 8/10 persone

6 uova
160gr di zucchero
90gr di burro dolce
600gr di ricotta
220gr di mascarpone
15gr di scorza di limone
1 cucchiaino di essenza di vaniglia
1 cucchiaino di essenza di arancia

In una terrina mescolate ricotta, mascarpone, zucchero e uova finché non diventi molto omogeneo. Potete usare un mixer elettrico a velocità lenta.

Aggiungete il burro fuso, scorza di limone ed essenza di vaniglia e arancia.

In una teglia di 6 o 8 pollici, spargete il restante burro e spolverate con dello zucchero.

Aggiungete il mix con la ricotta e cuocete in forno per 60 minuti a 350.°

Flourless Chocolate Cake

Serves 12

12 oz. semi-sweet chocolate
12 oz. sweet butter
12 egg yolks
12 egg whites
12 oz. sugar

Crème Anglaise:
8 egg yolks
4 cups heavy cream
1 cup sugar
vanilla extract to taste

Cake: Melt butter and chocolate in double boiler. Remove from heat. Beat yolks with 6 oz. sugar until smooth. Whip egg whites with 6 oz. sugar until stiff peaks form. Temper chocolate mixture with egg yolks. Slowly fold beaten egg whites into chocolate mixture.

Butter and sprinkle granulated sugar in 12" spring form pan & add cake mixture. Bake at 350° for 1 hour. Cool, remove from pan.

Créme Anglaise: Beat sugar & eggs until smooth. Add heavy cream & vanilla to saucepan. Bring to boil. Remove from heat. Temper cream mixture with egg mixture. Finish cooking in double boiler. When mixture coats the back of a wooden spoon, remove from heat. Cool in ice bath. Pour over cake.

Torta al Cioccolato Senza Farina

Per 12 persone

350gr di cioccolato semidolce
350gr di burro dolce
12 tuorli di uovo
12 albumi
350gr di zucchero

Per la crema inglese:
8 rossi di uovo
1lt di panna per pasticceria
220gr di zucchero
1 cucchiaio Essenza di vaniglia

Per la torta: Fate sciogliere il burro e il cioccolato a bagnomaria. Toglieteli dal fuoco. Sbattete i rossi dell'uovo con 200gr di zucchero finché non sia omogeneo. Montate a neve gli albumi con 150gr di zucchero finché e ben montato. Aggiungete il cioccolato all'uovo mischiate bene poi Incorporate lentamente l'albume nel composto con il cioccolato.

Imburrate e spolverate con dello zucchero una forma rotonda per torte di 30cm e aggiungete il composto della torta. Cuocete in forno a 350° per 1 ora. Fate raffreddare e togliete la torta dalla teglia.

Per la crema inglese: Sbattete lo zucchero e le uova finché non diventino omogenee. Fate riscaldare la panna con l'essenza di vaniglia in una casseruola. Togliete dal fuoco e un po alla volta aggiungete la panna alle uova. Terminate la cottura a bagnomaria. Quando il composto ricopre il retro di un cucchiaio di legno, toglietelo dal fuoco. Fatela raffreddare e servitela con la torta.

Poached Pear with Red Wine

6 bosc pears
1 cup of sugar
3 cups dry red wine

Cut 1/4 of an inch off the bottom of the pears so they are level. Put pears in a baking pan, add sugar and wine.

Bake at 300° for 120 minutes. Every 30 minutes make sure to wet the pear with the wine in the pan.

After 120 minutes the pears should be firm, but tender and the wine syrupy. Serve the pears lukewarm with the wine syrup. Add vanilla ice cream for a good combination.

Pere al Forno con Vino Rosso

Per 6 persone

6 pere bosc
1 cup di zucchero
3 cups di vino rosso secco

Tagliate un po del retro delle pere così sono uniformi. Mettete le pere in una pirofila da forno giusta per le 6 pere aggiungete lo zucchero e il vino.

Cuocete in forno a 150° per 120 minuti. Ogni 30 minuti assicuratevi di bagnare le pere con il vino nella teglia.

Dopo 120 minuti le pere dovrebbero essere tenere, e il vino abbastanza denzo. Servite le pere tiepide con lo sciroppo di vino. Aggiungete del gelato alla vaniglia per un'ottima associazione.

Egg Pasta

Egg Pasta
5 eggs, beaten
1 tbsp. olive oil
1 tsp. salt
1 lb. all-purpose flour
2 tbsp. water

Egg Pasta: In a medium sized bowl, combine flour, oil and salt. Make a crater in the flour, add the slightly beaten egg and mix. Mixture should form a stiff dough. If needed, stir in 1 to 2 tablespoons of water.

On a lightly floured surface, knead dough for about 10 minutes. Let the dough rest for I hour. Now the dough is ready for any type of pasta shape.

Pasta all'uovo e Pasta Senza Uovo

Pasta all'uovo:
5 uova, sbattute
cucchiaino di sale
cucchiaio d'olio
450gr di farina

Per la pasta all'uovo: Create un cratere con la farina, unite l'uovo sbattuto l'olio e il sale.

Su di un piano leggermente infarinato, lavorate l'impasto per circa 10 minuti. Coprite l'impasto con la pellicola e fatelo riposare per un ora. Usate la pasta per tutti gli usi.

Tomato Sauce

32 oz. can of San Marzano plum
Italian tomatoes
3 cloves garlic, crushed
4 whole basil leaves
1 tsp. salt
1 tbsp. oregano
⅛ cup olive oil
salt to taste

Sweat garlic in olive oil. Add tomatoes and seasonings. Let simmer for approximately 20 minutes. This sauce can be the mother sauce of many recipes where tomato sauce is required.

Salsa di Pomodoro

Per 4/6 persone

500gr di pomodori italiani San Marzano
3 spicchi di aglio, tritati
4 foglie intere di basilico
1 cucchiaino si sale
1 cucchiaio di origano
4 cucchiai di olio extra vergine d'oliva
Sale quanto basta

Fate trasudare l'aglio nell'olio di oliva. Aggiungete i pomodori e il condimento. Lasciate cuocere a fuoco lento per circa 20 minuti. Questo sugo può essere il sugo principale per molte ricette dove la salsa di pomodoro è richiesta.

Meat Ragú

3 oz. pancetta
½ lb. ground veal
½ lb. ground beef
½ lb. pork
1 stalk celery
1 small carrot
½ cup dry red wine

1 small onion
2 cups water
1 cup olive oil
3 tbsp. tomato paste
32 oz. can of San Marzano plum Italian tomatoes
1 oz. cream
salt and pepper to taste

Chop pancetta, celery, carrot and onion very small. Heat oil in a saucepan, add the vegetables. Cook for few minutes, then add the ground meats, brown well, then add the wine, tomato paste and half the water.

Continue to cook until the liquids are reduced, then add the remaining water. Reduce again, then add the peeled and seeded tomatoes, a pinch of salt and pepper to taste. Cover saucepan and let cook over a medium heat for 1½ hours.

Add the cream (optional) and correct salt and pepper to taste. The sauce is ready to serve over fresh or stuffed pasta.

Ragù di Carne

100gr di pancetta
200gr di carne macinata di vitello
200gr di carne macinata di manzo
200gr di carne di maiale
1 gambo di sedano
1 carota piccola
1 bicchiere di vino rosso secco
1 cipolla piccola

2 tazze di acqua
100gr di olio di oliva
3 cucchiai di concentrato di pomodoro
500gr di barattolo di pomodori italiani
   San Marzano
mezzo bicchere di latte
1 cucciaino di noce moscata
sale e pepe quanto basta

Tritate il sedano, la carota e la cipolla in pezzi molto piccoli tagiate la pancetta a cubetti piccolisimi Fate scaldare l'olio in una casseruola, aggiungete quindi le verdure e la pancetta. Cuocete per pochi minuti, poi aggiungete la carne macinata, fatela rosolare bene, poi aggiungete il vino, l concentrato di pomodoro e metà dell'acqua.

Continuate a cuocere finché il liquido non si sia ridotto, poi aggiungete l'acqua rimanente. Fate ridurre di nuovo, poi aggiungete i pomodori pelati , un pizzico di sale e pepe quanto basta noce moscata. Coprite la casseruola e lasciate cuocere a fuoco basso per circa una ora.

Aggiungete il latte o la panna (facoltativa) e correggete di sale e pepe quanto basta. La salsa è pronta da servire su della pasta fresca o ripiena.

Gnocchi - Potato Dumpling Serves 4

1 lb. Idaho potatoes   1 oz. parmigiano
7 oz. all-purpose flour   pinch of salt
1 egg

Season water with salt to boil potatoes with skin for 50 minutes. Put fork through to check tenderness.

On flat surface put flour and form a crater. When potatoes are done cooking, quickly drain and cool off with small amount of water. Potatoes still need to be hot, but not boiling.

Peel potatoes and put them through a mash potato press or food mill. Take potatoes and put in middle of flour. Add 1 egg, parmigiano and pinch of salt. Fold potatoes into flour and mix together, but do not overknead.

With flour on flat surface roll into cylinders. Cut ½" thick diced pieces. With knife, cut into small little pieces and dust with flour to keep from sticking.

You can boil gnocchi as they are or make little marks on pasta by rolling with fork. Put gnocchi onto sheet pan. Boil water and drop them into salted water. When gnocchi floats to top they are done, approximately 1 ½ minutes.

Now you can serve your gnocchi with your favorite sauce

Gnocchi di Patate Per 4 persone

500gr di patate Idaho   30gr di parmigiano
180gr di farina per tutti gli usi   Un pizzico di sale
1 uovo

Insaporite l'acqua con del sale e metteteci a bollire le patate con la buccia per 50 minuti. Inserite la forchetta attraverso le patate per controllarne la morbidezza.

Su di una superficie piatta mettete della farina e formate un cratere. Quando le patate sono cotte, scolatele velocemente e fate raffreddare con un po' di acqua. Le patate devono essere calde, ma non bollenti.

Pelate le patate e mettetele in un passa patate o in un mixer. Prendete le patate e mettetele al centro della farina. Aggiungete un uovo, il parmigiano ed un pizzico di sale. Unite le patate alla farina e mescolate insieme, ma non impastate troppo.

Con la farina sulla superficie piatta create un cilindro. Tagliate dei pezzetti spessi ½". Con il coltello, tagliate in piccoli pezzi e spolverateli con la farina per evitare che si attacchino tra loro.

Potete cuocere gli gnocchi come sono o potete fare dei piccoli segni sulla pasta passando su di essi la forchetta. Mettete gli gnocchi su una teglia. Portate l'acqua ad ebollizione e versate gli gnocchi nell'acqua salata. Quando gli gnocchi salgono in superficie vuol dire che sono cotti, approssimativamente ½ minuto.

Ora potete servire gli gnocchi con il vostro condimento preferito.

Basic Polenta   Serves 8

cups water
tbsp. salt
tbsp. extra virgin olive oil
¼ cups cornmeal; coarse-grain
Approximate cooking time: 40 minutes

If you use instant polenta it only takes 5 minutes,
follow same recipe.

Bring water to a boil in a large heavy pot. Add salt and reduce heat until water is simmering.

Take cornmeal by the handful and add to water very slowly, controlling the flow to a thin stream through your fingers. To avoid lumps, stir quickly with a long handled wooden spoon while adding cornmeal. If necessary, stop adding cornmeal from time to time and beat mixture vigorously.

Cook, stirring constantly, 20 to 30 minutes. Polenta will become very thick while cooking. It is done when it comes away cleanly from the sides of the pot.

Pour polenta into a large wooden board or a large platter. With a plastic spatula smooth out polenta evenly, about 2 inches thick. Let cool 5 minutes or until polenta solidifies.

Cut polenta into slices 1 inch wide and 6 inches long. Now you can bake, grill or fry the polenta. Serve hot, covered with your favorite sauce. Makes 6 to 8 servings.

Polenta Classica   Per 8 persone

lt di acqua o brodo vegetale (vedi pagina 132)
cucchiaio di sale
cucchiai di olio extra vergine di oliva
00gr di farina di mais

Se usate la polenta istantanea, ci vogliono
solo 10 minuti, seguite la stessa ricetta.

Tempo di cottura approssimativo: 35 minuti

Portate l'acqua ad ebollizione in una pentola. Aggiungete il sale e riducete la temperatura finché l'acqua non cuoce a fuoco lento.

Prendete la farina di mais con un pugno e aggiungetela all'acqua molto lentamente, facendo in modo che scenda un flusso sottile attraverso le vostre dita. Per evitare i grumi, mescolate velocemente con un lungo cucchiaio di legno mentre aggiungete la farina di mais. Se è necessario, interrompete l'aggiunta di farina di mais di tanto in tanto e mescolate vigorosamente.

Cuocete, continuando a mescolare per 20 o 30 minuti. La polenta diventerà molto densa durante la cottura. Sarà pronta quando verrà via perfettamente dal lato della pentola.

Versate la polenta su una tavola di legno di grandi dimensioni o su un piatto da portata. Con una spatola di plastica spianate la polenta uniformemente, rendendola spessa circa 2 pollici. Lasciatela raffreddare 10 minuti o finché la polenta non si solidifichi.

Tagliate la polenta in fette larghe 1 pollice e lunghe 6 pollici. Ora potete cuocere la polenta al forno, grigliarla o friggerla. Servitela molto calda, ricoperta del vostro condimento preferito. Fate 6 o 8 porzioni.

Pesto Sauce

10 oz. basil leaves, cleaned with damp cloth
4 cloves garlic
3 oz. pignoli nuts
4 oz. pecorino romano or parmigiano cheese, grated
1 cup extra virgin olive oil

In a food processor, blend basil, garlic, and pignoli nuts. After the mixture turns to a paste, add oil and cheese. Let it return to a paste. Set aside in a bowl.

Cook pasta. Drop the cooked pasta and a little of the cooking water into a sauté pan. Add in the pesto, mix and serve.

*Variation: You can add sliced boiled potato and string beans to this dish. You can use pesto sauce with many other recipes.

Salsa al Pesto

Per 4 persone

250gr di foglie di basilico, pulite con un panno umido
4 spicchi di aglio
90gr di pinoli
120gr di pecorino romano o parmigiano, grattugiato
230gr di olio extra vergine di oliva

In un mixer, aggiute il basilico, l'aglio e i pinoli. Dopo che il composto diventa un impasto, aggiungete l'olio e il formaggio. Lasciate da parte in una terrina.

Cuocete la pasta. Versate la pasta cotta e un po' di acqua di cottura in una padella per saltare. Aggiungete quindi il pesto, mescolate e servite.

*Ariazione: Potete aggiungere delle patate bollite a fette e dei fagiolini a questo piatto. Potete usare la salsa al pesto con molte altre ricette.

Basic Chicken, Vegetable, Beef & Fish Stock

½ oz. black peppercorn
1 celery stalk, diced
1 onion, diced
1 carrot, diced

1 lb. chicken bones
1 tbsp. salt
1 gallon of water

For Chicken Stock:
Poach chicken bones, vegetables and spices in cold water. Bring to full boil.
Reduce heat and simmer for 1 hour. Remove from heat. Allow to cool then strain to
remove chicken bones and vegetables. Store in covered container until ready to use.

For Vegetable Stock:
Follow as above except omit chicken bones.

For Beef Stock:
Follow as above except cut onion in half and roast on grill or in oven first until
blackened. Substitute beef meat for the chicken bones.

For Fish Stock:
Follow as above chicken stock, substituting white fish bones such as sole,
snapper or monkfish for the chicken bones. Omit carrot.

Brodo di Pollo, Brodo di Vegetali, Brodo di Manzo & Brodo di Pesce

½ oz di grani di pepe nero
1 gambo di sedano, fatto a dadini
1 cipolla, fatta a dadini
1 carota, fatta a dadini

1 lb di carne di pollo con l'osso
1 cucchiaio di sale
1 gallone di acqua

Per il Brodo di Pollo:
Bolliri la carne di pollo con l'osso, le verdure e le spezie in acqua fredda. Portateli ad ebollizione.
Riducete dunque la temperatura e cuocete a fuoco lento per 1 ora. Poi toglietelo dal fuoco. Fatelo
raffreddare e poi cercate di togliere la carne di pollo e le verdure. Conservatelo in un recipiente
coperto finché non lo dovrete usare.

Per il Brodo di Vegetali:
Seguite la medesima ricetta senza mettere la carne di pollo.

Per il Brodo di Manzo:
Seguite la medesima ricetta eccetto per il fatto che prima dovete tagliare la cipolla in due e farla
cuocere sulla griglia o al forno finché non si scurisce. Sostituite quindi la carne di pollo con la
carne di manzo.

Per il Brodo di Pesce:
Seguite la medesima ricetta del brodo di pollo, sostituite alla carne di pollo del pesce bianco
come la sogliola, il dentice o la pescatrice. Non mettete le carote.

Salsa Verde - Green Sauce

3 oz. fresh parsley, stems removed
½ oz. white bread, torn into pieces, no crust
1 oz. capers
3 anchovy filets
2 cloves garlic
½ oz. red wine vinegar
½ cup extra virgin olive oil
salt and pepper to taste

Put all ingredients in a food processor or blender and
mix well. Sauce should be creamy. This sauce is
great with steak, poached meat or fish.

Salsa Verde

Per 6 persone

90gr di prezzemolo fresco, senza gambo
20gr di pane bianco, fatto a pezzettini, senza crosta
30gr di capperi
3 filetti di acciuga
2 spicchi di aglio
20gr di aceto di vino rosso
½ tazza di olio extra vergine di oliva
sale e pepe quanto basta

Mettete tutti gli ingredienti in un mixer o in un frullatore e mescolate bene. La salsa dovrebbe
essere cremosa. Questa salsa è ottima con la bistecca, con carne o pesce bollito.

Many celebrities have been to Marcello's during his 25 years of business!

The top 25 celebrities that have enjoyed dinner at Marcello's:

1. Dom DeLuise - Actor
2. Rene Taylor - Actress, *The Nanny*
3. Joe Bologna - Actor
4. Paul Hogan - Actor, Crocodile Dundee
5. Linda Kozlowski - Actress, Crocodile Dundee
6. Howard Cross - NY Giants
7. Lily Tomlin - Actress
8. Sugar Ray Leonard - Boxing Champion
9. Kevin Spacey - Actor
10. Geraldo Rivera - Journalist
11. Leonard Marshall - NY Giants
12. Robert Klein - Comedian
13. Kenya Moore - Miss U.S.A. of 1993
14. Carl Nelson - NY Giants
15. Bernadette Peters - Actress
16. Mr. Bennett - Bennett Bros.
17. Geraldine Page - Actress
18. Shelly Winters - Actress
19. John Johnson - Journalist
20. Loretta Swit - Actress
21. Ornella Fado - TV personality *Brindiamo TV*
22. Bill McCutheen - Actor
23. Andre Watts - Pianist
24. Arlene Dahl - Actress
25. Michael Kennedy, Jr.

Marcello has had the pleasure of meeting many celebrities outside the restaurant during different events. The top 25 are:

1. Regis Philbin - TV personality
2. Kathie Lee Gifford - TV personality
3. Alec Baldwin - Actor
4. Cynthia Nixon - Actress
5. Jill Hennessy - Actress
6. Anne Hathaway - Actress
7. Rudolf Giuliani - Former mayor of NYC
8. Francesco Rutelli - Former mayor of Rome
9. Gianni Alemanno - Present mayor of Rome
10. Oscar Luigi Scalfaro - President of the Italian Republic 1997
11. Azeglio C. Ciampi - President of the Italian Republic 2002
12. Giorgio Napolitano - President of the Italian Republic 2007
13. Fausto Bertinotti - Speaker of the Italian House of Deputies 2007
14. Sirio Maccioni - Le Cirque, NY
15. Julia Della Croce - Cookbook Author
16. Julia Child - Cookbook author
17. Mario Batali - Iron Chef
18. Lidia Bastianich - Cookbook Author
19. Bobby Flay - Iron Chef
20. Jacques Pepin - TV Pers. & Cookbook Author
21. Tim & Nina Zagat - Zagat survey
22. John Mariani - Food writer
23. Bob Lape - Food critic
24. Principessa Guicciardini Strozzi - Wine maker
25. Thomas Matthews - Wine Spectator Magazine

Amici e vini sono meglio vecchi.
English Translation: *Friends and wine are best aged.*

SICILIA (SICILY)

1. Ristorante Duomo di Ciccio Sultano
Via Capitano Bocchieri, 31 - 97100 Ragusa -
Località Ragusa Ibla
Tel. ++39 0932 651265
www.ristoranteduomo.it

PUGLIA

2. Il Poeta Contadino Ristorante
Via Indipendenza 21
Alberobello (near Bari)
Tel 080 4321917
http://www.ilpoetacontadino.it/

MOLISE

3. Trattoria Vecchia Trattoria Da Tonino
Corso Vittorio Emanuele, 8
86100 CAMPOBASSO (CB)
Tel :+39 0874- 415200
http://www.iristorante.it/trattoria_vecchia_trattoria
_da_tonino_prenotazione_trattoria_r16915.html

ABRUZZO

4. Taverna de li Caldora
Piazza Umberto 13
Pacentro Aq
Tel 0864 41139
http://www.tavernacaldo
ra.it/informazioni/prenotazioni.htm

CAMPANIA

5. Ristorante La Torre del Saracino
Via Torretta, 9
Loc. Marina d'Aequa
80069 Vico Equense
Tel. e Fax +39.081.802.85.55
http://www.torredelsaracino.com/

6. Quattro Passi Ristorante
Via A. Vespucci 13/n Massalubrense
Near Sorrento Napoli
Tel 39 081 8082800
http://www.ristorantequattropassi.com/it/index.html

7. Don Alfonso Ristorante
Corso Sant'Agata, 11/13 | 80064 Sant'Agata Sui
Due Golfi, Naples - Italy
Near Sorrento
Tel. +39 081/878.00.26 - +39 081/878.05.61 Fax
+39 081/533.02.26
http://www.donalfonso.com/en/index.htm

**8. Hotel Palazzo Sasso Rossellini e Terrazzo
Belvedere Ristorante**
Via San Giovanni del Toro 28
84010 Ravello - Amalfi Coast, Italy
Tel + 39 089 81 81 81
web: www.palazzosasso.com

LAZIO (LATIUM)

9. Agata e Romeo Ristorante
Via Carlo Alberto 45
Tel. 06 446 6115
http://www.agataeromeo.it/

10. Il Convivio Troiani
Vicolo dei Soldati, 31
Tel. 06 6869432
http://www.ilconviviotroiani.com/eng/index.html

11. Checchino dal 1887
Via Monte Testaccio, 30 – Rome
Tel 39 06 5743816
http://www.checchino-dal-1887.com/

MARCHE
SENIGALLIA

12. Madonnina Al Pescatore
Lungomare Italia, 11 - Marzocca di Senigallia (An)
Tel. +39 071.698267
http://www.morenocedroni.it/madonnina/main.php

UMBRIA
TORGIANO

13. Tre Vaselle Hotel Ristorante
VIA GARIBALDI 48 - 06089 TORGIANO (PG)
 Tel: 075 9880447
http://www.3vaselle.it/en/index.php

TOSCANA (TUSCANY)
FIRENZE
14. Ristorante Cibreo
Via A. del Verrocchio 8/r
Florence, Italy
Phone: 055/2341100

Montalcino
15. Ristorante Poggio Antico
53024 Montalcino (Siena), Italy
Loc Poggio Antico Tel 0577 849200
http://www.poggioantico.com/english/index_e.htm

EMILIA ROMAGNA
IMOLA
16. Ristorante San Domenico
Via Gaspare Sacchi nr.1, 40026
Imola (BO) Italia - Tel. +39.0542.29000
begin_of_the_skype_highlighting
http://www.sandomenico.it/

VENETO
(Near Verona)
17. Perbellini Ristorante
Via Muselle, 130
37050 Isola Rizza
VERONA
Tel 045.7135352
http://www.perbellini.com/

VENEZIA
18. Da Fiore
Address:Calle del Scaleter 2202A, Venice, 30125
Location: Near San Polo Square
Phone041-721-308
Web Site www.dafiore.net

LOMBARDIA
LAGO DE GARDA (SIRMIONE)
19. La Rucola Ristorante
Via Strentelle 7 Simione Brescia
Tel 030 916326
http://www.ristorantelarucola.it/

20. Colleoni Dell'Angelo
Historical restaurant
Piazza Vecchia - Bergamo Alta
Tel. 039 035.232596
Fax 039 035.231991
http://www.colleonidellangelo.com/

21. Ristorante Cracco
Via Victor Hugo, 4 20123 Milano
Line: +39 02 876774
www.ristorantecracco.it

22. Gualtiero Marchesi Ristorante
L'Albereta Relais & Chateaux - Via Vittorio
Emanuele, n° 23 - 25030 Erbusco (Brescia) - Italia
Tel. +39 030 7760550 - P.Iva 02084640982
http://www.albereta.it/it/ristoranti-e-bar/ristorante-gualtiero-marchesi

TRENTINO
23. Ristorante Sissi di Andrea Fenoglio a Merano
Via G, Galilei 44 - I-39012 Merano (BZ) Tel. +39
0473 231062
http://www.sissi.andreafenoglio.com/

PIEMONTE PIEDMONT
(Near Torino)
24. La credenza
Via Cavour, 22
10077 San Maurizio Canavese Turin, Italy
011 927 8014
www.ristorantelacredenza.it/

TREISO
(Near Alba)
25. La Ciau del Tornavento
7 Piazza Baracco
Treiso 39-0173/638-333
www.laciaudeltornavento.it

TOP 25 NYC ITALIAN RESTAURANTS

1. Alfredo di Roma, www.alfredos.com
2. Bice, www.bicenewyork.com
3. Bottega del Vino, www.bottegadelvinonyc.com
4. Babbo, www.babbonyc.com
5. Del Posto, www.delposto.com
6. Etcetera Etcetera, www.etcrestaurant.com
7. Felidia, www.felidia-nyc.com
8. I Trulli, www.itrulli.com
9. Il Gattopardo, www.ilgattopardonyc.com
10. Kest é Pizzeria, www.kestepizzeria.com
11. La Masseria, www.lamasserianyc.com
12. Lattanzi, www.lattanzinyc.com
13. Marea, www.marea-nyc.com
14. Marco Polo, www.marcopoloristorante.com
15. Osteria del Circo, www.osteriadelcirco.com
16. Pepolino, www.pepolino.com
17. Remi, www.remi-ny.com
18. San Pietro, http://sanpietro.zxq.net/
19. Salumeria Rosi, www.salumeriarosi.com
20. Scalini Fedeli, www.scalinifedeli.com
21. Scarpetta, www.scottconant.com/restaurants/
scarpetta/new-york
22. Sd 26, www.sd26ny.com
23. Trattoria dopo Teatro, www.dopoteatro.com
24. Testaccio, www.testacciony.com
25. Paola's, www.paolasrestaurant.com

TOP 25 NYC MULTI-CUISINE RESTAURANTS

1. An American Place, www.anamericanplacestl.com
2. Blue Hill, www.bluehillfarm.com
3. Bouley, www.davidbouley.com
4. Compass, www.compassrestaurant.com
5. Craft, www.craftrestaurant.com
6. Daniel www.danielnyc.com
7. Gramercy Tavern, www.gramercytavern.com
8. Gotham Bar & Grill, www.gothambarandgrill.com
9. Jean Georges, www.jean-georges.com
10. Four Seasons, www.fourseasonsrestaurant.com
11. Eleven Madison Park, www.elevenmadisonpark.com
12. Le Bernardin, www.le-bernardin.com
13. Le Cirque, www.lecirque.com
14. Mesa Grill, www.mesagrill.com
15. Mas Farmhouse, www.masfarmhouse.com
16. Momofuku, http://www.momofuku.com
17. Nobu, www.noburestaurants.com
18. Oceana, www.oceanarestaurant.com
19. Union Square, www.unionsquarecafe.com
20. Tao, www.taorestaurant.com
21. Tribeca Grill, http://www.myriadrestaurantgroup.com/
tribecagrill
22. Per Se, www.perseny.com
23. Peter Luger Steak house, www.peterluger.com
24. Spice Market, www.spicemarketnewyork.com
25. 21 Club, http://www.21club.com

A Firenze si pensa, a Roma si prega,a Venezia si ama in tutte e tre si mangia.
English Translation: *In Florence you think, in Rome you pray,*
in Venice you love. In all three you eat.

25 Top Website Internet Links that Marcello Recommends

TRAVEL:

- When planning a trip to Italy, there are two websites that offer valuable information about Italy such as money, food, driving licenses, credit cards, accommodations, government regulations and more: **www.italiantourism.com** or **www.hottraveltips.com/country/italy/**
- Would you like Marcello to plan your trip to Italy from A to Z? **http://www.marcellosgroup.com/tabid/8394/Default.aspx**
- When you are in Europe and you would like to know events happening in different cities visit: **www.timeout.com**
- Renting a villa in Italy, visit this website of the villas: **www.parkervillas.com** or **call (800) 280-2811**
- If you are on the Amalfi Coast and you would like to rent a boat, please visit my friends website at: **http://www.amalfisails.it/**
- Sicily is in the heart of many people. Visit this website to know more about Sicily: **www.bestofsicily.com**
- Best tours of Italy & more, Perillo Tours since 1945: **http://www.perillotours.com/**

RESTAURANT, FOOD AND WINE LINKS:

- Food and wine products, region by region, including great recipes, food library, and more: **www.italianmade.com**
- If you have questions about recipes or wines from all over the world, visit these websites: **www.wineanswers.com**
- Restaurants in Italy & Europe: This site will bring you all the best restaurants with chef owners all under 40 years old: **www.jre.net**
- Restaurants from Every Corner of Italy **http://www.italytraveller.com/en/restaurants**
- Restaurants in New Jersey visit: **www.restaurantardore.com**
- Restaurants in New York City visit: **www.opentable.com**
- Marcello's favorite pasta, De Cecco: **http://www.dececco.it/EN/**

COOKING CLASS LINKS:

- Cooking class and tour in Abruzzo Italy: visit **www.abruzzocibus.com**
- Cooking Classes in Suffern at Marcello's cooking studio: **www.marcellosgroup.com**
- In New York City visit **www.rusticocooking.com**
- In Sorrento/Amalfi coast at Ristorante Quattro Passi: **www.ristorantequattropassi.it**
- If you would like to take a cooking class near Lake Garda being held at the famous Winery Allegrini visit: **www.giulianohazan.com/school**
- For professional cooking classes, Accademia Barilla has opened a professional cooking school in Parma, Italy: **www.academiabarilla.com**
- Cooking class video in Italian: **www.cucinaconoi.it**
- Cooking class video in English: **http://rouxbe.com/how-to-cook/italian-cooking-recipes**
- To see different Italian cooking Shows from the best Italian chefs in the Tristate & Italy visit: **www.brindiamochannel.com**
- For professional cookware and knives visit Marcello's web store: **www.marcellosgroup.com**

PALAZZO TOUR D'EAU, as it was originally named, has recently been restored from its once forlorn state to what was likely its original external appearance, with every modern amenity on the inside. Its six stately rooms have been richly refurbished for your comfort. Each room has its own bathroom, TV, and a splendid view of the valley and surrounding mountains. Open your windows in the morning to the sound of the church bells still keeping time for the townspeople and fill your lungs with clean, fresh air.

COOKING CLASSES are held in the village of **Carunchio**, in **Palazzo Tour D'Eau's** exclusive cooking demonstration kitchen, with a class size of maximum 8 participants. Each participant has their own space to work in while participating in the demonstrations. Fun, family, and friendship are emphasized as you watch, try for yourself, discuss, and sip wines from the Palazzo Tour D'Eau cellars.

OUR GUIDE IN THE KITCHEN is the talented and experienced Cheryle Molino. Some of the exquisite dessert recipes will also be taught by Dino, Palazzo Tour d'Eau's chef.

Marcello highly recommends Abruzzo Cibus as a great tour of a region that is still undiscovered. When you arrive in this region, which is only a few hours from Rome, you will find yourself in a fully relaxing atmosphere with uncontaminated climate and the freshest food right at your fingertips.

The villas have 6 suites. If you have a group of 10-12 people, Marcello can accompany you and create a great culinary experience.

If you like to join a group already in progress visit **www.abruzzocibus.com** for all details and videos.

Marcello's Cooking Studio

MARCELLO'S COOKING STUDIO

Marcello's Cooking Studio offers cooking class demonstrations, hands-on cooking classes, one-on-one cooking classes and corporate team building cooking classes.

The Studio is also the home of Marcello's Gourmet Shop where on display he has cookware pieces, olive oil, and other products for purchase. He also has all of these fine cooking products on his web store online.

CORPORATE TEAM BUILDING AND PRIVATE PARTIES

In addition to our individual classes, we also provide group cooking programs. These are terrific for corporate team building or entertaining clients, and have been enjoyed by many local and out-of state companies. This program is great for companies who are looking to:

• *Build Teams*
• *Learn how to "think out of the box"*
• *Create teamwork between departments*
• *Private classes are available for parties of eight or more. Call or email Marcello for more details.*

• *Understand the importance of clear communication throughout the organization*

Cooking class gift certificates are also available.
To book your classes, please call us at (845) 357-9108 x205 or email: info@marcellosgroup.com

THE CHEF'S TABLE AT MARCELLO'S

Our Chef's Table is located in Marcello's cooking studio and is a great place to host private parties for up to 12 people. You will have a private chef and wait staff. We can create a fantastic gourmet meal with wine that pairs perfectly to the selections you choose.

Visit www.marcellosgroup.com for all of the information mentioned above.

Marcello's Ristorante of Suffern

Marcello's Ristorante of Suffern opened its doors in 1986. If you read the biography, it will tell you a little bit more about how Marcello ended up in Suffern. Marcello's Ristorante of Suffern is an accomplishment and below you will see how Marcello's looked in the beginning and to the right, how it looks today.

Marcello's THEN

Marcello's Ristorante of Suffern

21 Lafayette Avenue, Suffern, NY 10901 • (845) 357-9108
For all major information about Marcello's services,
visit our website www.marcellosgroup.com

Marcello's NOW:

MAMMA VITTORIA

Three years after selling The Ho-Ho-Kus Inn of Bergen County, Chef and Restaurateur Marcello Russodivito of Marcello's Ristorante of Suffern is back! Proudly named "Mamma Vittoria's Restaurant & Catering" after Marcello's own mother, this trattoria boasts simple Italian recipes at a moderate, economical price. This "trattoria" will transport you back to your fondest memories of Italy (even if you have never been there!). From our rustic, stucco façade, to our warm host and wait staff, you will feel welcomed from start to finish. Mamma Vittoria is situated on Franklin Avenue, right in the heart of Nutley, New Jersey. This is a perfect location for everyone to get together with family and friends for great food and atmosphere.

With inspiration from Marcello's mother, Marcello creates family dishes with rich sauces and loads of flavor such as Mamma Vittoria's famous cavatelli and meatballs with fresh ricotta, homemade gnocchi with tomato and gorgonzola, and ravioli with eggplant ragu. It was Mamma Vittoria's passion to make fresh pasta almost everyday. When she came to America nineteen years ago, she made homemade cavatelli (a specialty of the Molise region) for Marcello's customers in Suffern.

Our customers are still raving about it! Mamma Vittoria's also serves other Italian traditional plates such as Chicken Sorrentino, Veal Scaloppini, Beef Braciole, Tripe, Grilled Salmon and other favorites just like grandma cooks at home. Marcello shares his mother's recipes through his cooking and demonstrates his passion for food with all who walk through his door.

Mamma Vittoria Restaurant is perfect for your casual dining experience as well as for hosting your special events in our party room which can accommodate up to 150 guests. It is the perfect venue for hosting bridal/baby showers, rehearsal dinners, weddings, baptisms, communions, special birthdays, and bar/bat mitzvahs. Our party room has a private entrance and Mamma Vittoria has its own parking lot as well as street parking.

Marcello continually hosts cooking classes and private dinner parties up to twelve with your own personal chef, at his Suffern location (Marcello's Ristorante of Suffern, www.marcellosgroup.com). Marcello also speaks on Rockland's radio station 1300am WRKL on Monday mornings at 8:45 am.

My life through photography

My first cooking school in Italy:
Castello La Querceta Montecatini Terme, 1973

Dom DeLuise

86' 10 YEAR CELEBRATION 96'

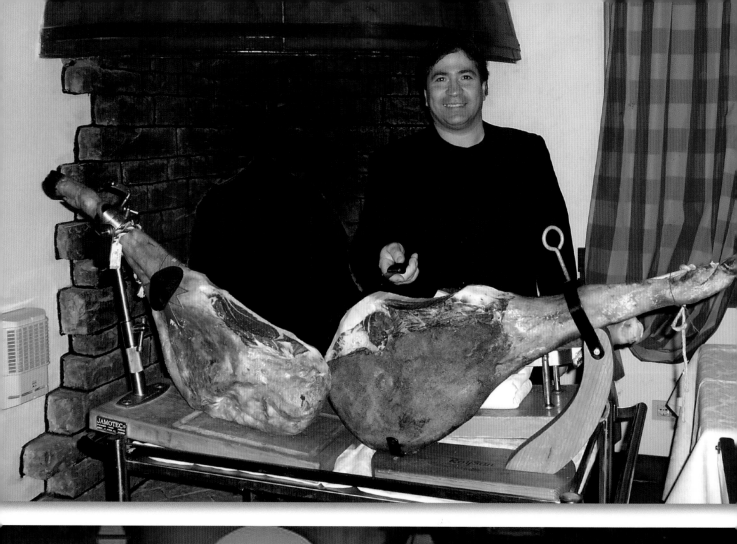

Italian Republic president, Luigi Scalfaro and Ciao Italia president Bartolo Ciccardini honoring Marcello as Ambassador of Italian Cuisine Abroad

Italian Republic president, Giorgio Napolitano with Marcello

Marcello Russodivito è nato a Campobasso— capoluogo della regione italiana del Molise. La famiglia è originaria di Riccia, uno dei comuni più grandi della provincia dove ha trascorso la sua infanzia.

Ultimo di cinque figli, dopo la morte improvvisa del padre, ha iniziato a lavorare nei ristoranti quando aveva appena 13 anni. Un anno dopo si è recato a studiare presso l'Istituto Alberghiero di Montecatini Terme in Toscana e, alla fine dei tre anni di corso, si è diplomato.

Per migliorare e raffinare la preparazione, Marcello ha lavorato nei sei anni successivi in diverse parti del mondo per perfezionare il suo talento culinario: in Svizzera, Germania, Francia, Inghilterra e, infine, in Bermuda.

In Bermuda ha incontrato Carolyn, sua moglie; insieme si sono trasferiti negli Stati Uniti. Qui ha perfezionato la sua arte, lavorando in alcuni dei più famosi ristoranti di New York e del New Jersey. Questa esperienza lo ha portato a capire ciò che il cliente americano desidera e si aspetta da un buon ristorante.

Nel 1986, Marcello ha realizzato il suo sogno di chef, aprendo il suo primo ristorante in Suffern, nel Rockland County—New York State.

In 1992, è apparso al *"Live with Regis e Kathie Lee Show"* dove si è esibito nella preparazione di una delle sue ricette preferite: il Tiramisù.

In 1993, la rivista specializzata *Zagat* ha incluso Marcello's Ristorante tra i *"50 migliori ristoranti della zona del Tri-State."*

"Crain's New York Business" ha classificato Marcello's come *"uno dei migliori ristoranti italiani fuori dell'area di Manhattan."*

Nel 1992, *l'Accademia Americana delle Scienze della Ristorazione* ha scelto Marcello's Ristorante per il suo *"Best of the Best"* Five Star Diamond Award come uno dei 50 migliori ristoranti italiani negli Stati Uniti.

Nel 1994, Marcello ha partecipato alla inaugurazione della *Coppa Mondiale di Calcio* alla Gracie Mansion, residenza ufficiale del sindaco di New York, alla presenza dell'allora sindaco Rudolph Giuliani.

Nel 1996, sempre a Suffern, ha aperto la trattoria "Caffè Dolce," rifacendosi alla tradizione italiana ed europea del luogo di ritrovo di amici che si fermano a fare uno spuntino e prendere un drink.

Il 4 giugno 1997, i ministri dell'Agricoltura e del Commercio con l'Estero in Italia hanno assegnato a Marcello l' *"Insegna del Ristorante Italiano nel Mondo."* Questo premio viene dato a coloro che hanno dimostrato di aver raggiunto traguardi d'eccellenza nelle arti culinarie e hanno fatto da *"Goodwill Ambassadors"* per la promozione della cultura italiana all'estero.

Nel giugno del 1997, ha preso parte ad una delle serate di successo organizzate dalla *James Beard Foundation*, dando il suo contributo per un evento che ha registrato il tutto esaurito presso la James Beard House, considerata la "Carnegie Hall" delle Arti Culinarie.

Dal 1998 al 2007, Marcello ha riaperto lo storico *"Ho-Ho-Kus Inn"* di Ho-Ho-Kus, New Jersey. Questo antico locale risalente a 257 anni fa, vantava sei eleganti sale da pranzo dove Marcello ha servito la sua raffinata cucina italiana contemporanea.

Nel 2005, ha pubblicato il suo primo libro di cucina corredato di guida ai vini dal titolo *"Sale, Pepe, Amore e Fantasia"* (*Salt, Pepper, Love and Creativity*) con grande successo.

Nel 2008, ha partecipato quale consulente chef del film "*Lymelife*," diretto da Derick Martini e interpretato da Alec Baldwin, Rory e Kieran Culkin, Jill Hennessy, Timothy Hutton, Cynthia Nixon ed Emma Roberts. Ha curato tutta la preparazione del cibo per le scene girate nel film ed ha perfino recitato in alcune scene.

Nel novembre 2009, ancora in piena crisi economica, Marcello ha aperto a Nutley, nel New Jersey, un ristorante - trattoria dal nome "*Mamma Vittoria*," dedicato alla memoria della madre recentemente scomparsa. La madre di Marcello aveva condiviso la sua grande passione per la cucina ed ha anche esercitato una notevole influenza sulla sua competenza culinaria.

Attualmente Marcello è membro di Ciao Italia, un' associazione che ha sede a Roma e che raggruppa ristoranti italiani di tutto il mondo. Con questa associazione Marcello ha avuto l'onore di incontrare a Roma, al Quirinale (palazzo sede dei capi di stato), tre importanti e stimatissimi presidenti della repubblica italiana: Oscar Luigi Scalfaro, Carlo Azeglio Ciampi e Giorgio Napolitano.

Nel corso degli anni, con il suo talento e la sua cucina, ha sempre dato un importante contributo a organizzazioni di beneficenza come "*Taste of the Nation*," "*Menu of Hope*," "*ARC of Rockland*," "*Good Samaritan Hospital*" e molte altre che avevano bisogno di aiuto e sostegno.

Attualmente, nel suo locale di Suffern, Marcello continua ad accogliere e salutare i suoi clienti, sempre attento alle loro domande o necessità (un tratto che ha sviluppato nel corso degli anni). Una caratteristica particolare di Marcello è il suo *Studio da chef per dimostrazioni di cucina* in cui si possono apprezzare le sue lezioni e anche partecipare attivamente alla preparazione di pasti per ricevimenti privati con un numero massimo di dodici persone.

Marcello è ospite ogni lunedì mattina di Radio Rockland WRCR AM1300 (dalle 8:45 am alle 9:00 am) www.wrcr.com. Nel 2005, ha realizzato un programma video tramesso dai canali televisivi locali tratto da "*Brindiamo!*" presentato da Ornella Fado, produttrice dello spettacolo.

Nel 2010 ha partecipato con Ornella Fado - www.brindiamotv.com, - a una gara culinaria sponsorizzata dalla Scuola Alberghiera Piemontese (IFSE - Italian Food Style Education - Culinary Institute) in qualità di giudice e istruttore. L'evento si è svolto all'Astor Place di New York. Nel corso della competizione Marcello ha aiutato alcuni studenti americani nella creazione di piatti particolari realizzati con l'Asti spumante.

Sempre a New York, con Ornella Fado ha partecipato alla sfilata del Columbus Day sulla 5th Ave con il gruppo Cuochi Italiani, rappresentando la cucina italiana negli States.

Nel novembre del 2010, Marcello ha accolto l'invito del "*Gruppo Virtuale Cuochi Italiani*" e ha partecipato all' "Italian Cuisine Asia Summit"per la promozione della cucina italiana a Hong Kong (Cina).

Nel 2011, sempre col "*Gruppo Virtuale Cuochi Italiani*" ha partecipato al "*Pesto Day*," una manifestazione che si svolge ogni anno per la promozione di un piatto regionale italiano.

Nel febbraio 2011, con il socio Abe, ha portato a termine l'ampliamento della sala banchetti del ristorante "*Mamma Vittoria*" a Nutley (N.J.) con grande successo.

Attualmente Marcello sta lavorando a un nuovo libro di cucina con 25 nuove ricette, la storia dei suoi 25 anni di carriera negli States come chef patron e molto altro. Per celebrare il 25° anniversario del suo Ristorante di Suffern sta organizzando anche 2 concerti di musica italiana, classica, lirica e anche pop nello storico *Lafayette Theatre* di Suffern.

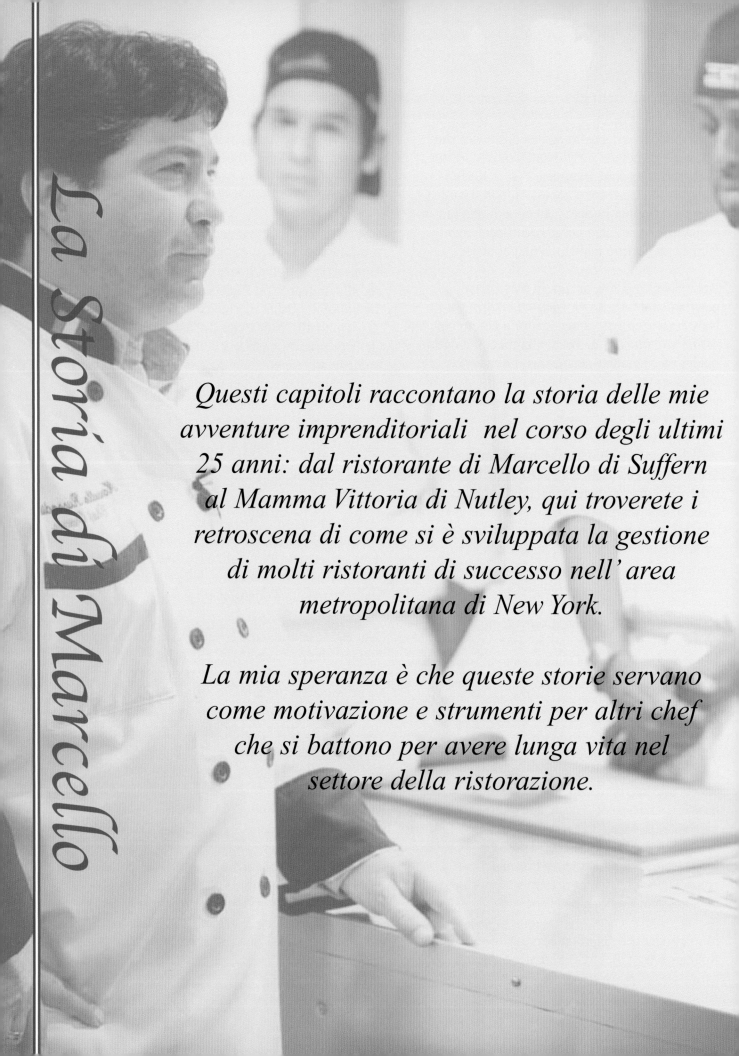

La Storia di Marcello

Questi capitoli raccontano la storia delle mie avventure imprenditoriali nel corso degli ultimi 25 anni: dal ristorante di Marcello di Suffern al Mamma Vittoria di Nutley, qui troverete i retroscena di come si è sviluppata la gestione di molti ristoranti di successo nell' area metropolitana di New York.

La mia speranza è che queste storie servano come motivazione e strumenti per altri chef che si battono per avere lunga vita nel settore della ristorazione.

La Storia di Marcello

Capitolo 1

L'arrivo a Lafayette Avenue

Nel febbraio del 1986 mi capitò di lavorare in un ristorante italiano gestito da un italo-americano. Il ristorante era disorganizzato e mal gestito ed io avevo grandi idee per trasformarlo e ottimizzare la produzione e servizio. Quando decisi di eliminare 75 dei 200 posti a sedere per far sì che i clienti fossero meglio serviti, il proprietario si infuriò. Mi accusò di volerlo rovinare e impedirgli di fare soldi. Gli risposi in modo semplice: come puoi guadagnare molto se le persone non sono contente? Ma nonostante le mie buone intenzioni, il proprietario mi chiese di lasciare il posto subito dopo il nostro disaccordo.

Sfiduciato e senza un lavoro, una sera, dopo il mio licenziamento dal ristorante, stavo tornando a casa in macchina quando, perso nei miei pensieri, smarrii la strada finendo a Suffern. Mentre scendevo per Lafayette Avenue, vidi un piccolo negozio con il cartello "Affittasi" affisso alla vetrina. Le possibilità balenarono davanti ai miei occhi. Potevo avviare qui il mio ristorante? Il locale era della dimensione ideale per un ristorante da 45 posti, per cominciare la pigione era abbastanza ragionevole per noi e quel luogo era proprio quello che desideravo.

Sebbene il centro di Suffern non fosse in una fase di espansione, firmai il contratto di locazione per 15 anni a 700 dollari al mese e le mie speranze andarono alle stelle. L'opera era appena iniziata, tuttavia, e i successivi cinque mesi furono impiegati a tempo pieno in lavori di idraulica, falegnameria, pittura e pulizia.

Fu difficile realizzare il posto di cui avevamo bisogno a causa della nostra limitata disponibilità di capitale. Con solo 50 mila dollari su cui contare, cercammo in tutti i luoghi possibili delle attrezzature usate, ma insistetti sul fatto che gli elementi decorativi più importanti fossero nuovi di zecca. Quando i nostri sforzi nella costruzione stavano per giungere alla fine, ci trovammo a corto di soldi e dovemmo chiedere un prestito per pagare i prodotti e buste paga. Ma eravamo pieni di risorse.

Facendo spesa da Pathmark e nei negozi locali per la grande apertura del ristorante, trovammo il modo per creare piatti deliziosi con le nostre limitate risorse. Mia moglie, i suoceri, e perfino mio nonno contribuirono a progettare e abbellire il ristorante con i dettagli e le decorazioni che gli dettero quel suo incantevole tocco finale.

Il 25 giugno 1986 aprimmo le porte per la festa d'inaugurazione. Parenti e amici si riunirono nel ristorante per augurarci buona fortuna. Il mio compleanno era il giorno dopo, così, quando la notte stava per finire, festeggiammo questa nuova e promettente avventura con una bellissima torta.

Primi anni di attività

La prima settimana cominciò in modo disastroso: un forte temporale fece entrare l'acqua nel ristorante dalla porta posteriore e rovinò il tappeto nuovo di zecca. Il proprietario, però, sistemò rapidamente i danni e, nonostante questa piccola battuta d'arresto, partimmo a pieno ritmo.

Avevo organizzato il menù in modo semplice e tipico della cucina tradizionale italiana, ma le osservazioni iniziali mi insegnarono a essere più flessibile e attento alle preferenze dei clienti. Quando questi, per esempio, mi fecero capire che i piatti grandi ed eleganti che utilizzavo facevano apparire più piccole le porzioni, mi adeguai rapidamente e realizzai una presentazione migliore con piatti più piccoli.

Grazie alla mia duplice esperienza in sala e in cucina, fui in grado di stabilire un rapporto unico con i miei clienti, il che rese possibile la creazione di un ambiente caldo con una clientela regolare e affezionata.

Nel corso del primo anno, il menù si arricchì con l'aggiunta di sempre nuovi elementi e piatti speciali e fu ampliata anche la nostra modesta carta dei vini. Lentamente, ma in modo costante, il ristorante ottenne recensioni positive e la voce si diffuse tra la comunità locale. Per un piccolo ristorante con 45 posti a Rockland County, i clienti si accorsero che fornivamo un ottimo servizio e una cucina italiana autentica e creativa ad un buon prezzo.

Il 1987 portò una recessione dalle nostre parti e il crollo del mercato azionario fece sentire i suoi effetti anche da noi perché la crisi portò la gente a ridurre le spese. La nostra voglia di fare e una forte determinazione, tuttavia, ci sostenevano; un paio di aggiustamenti al menù permise ai clienti di continuare a frequentare il nostro ristorante e a non avere troppi problemi con il conto dopo una cena.

Alla fine del primo anno, decisi di chiudere il ristorante per un mese per un po' di necessario riposo, proprio come abitualmente si faceva ogni anno in Italia d'estate. La vacanza fu meravigliosa e rilassante, ma quando tornammo in autunno e riaprii il ristorante, alcuni dei nostri ex clienti non sapevano neanche che eravamo ancora in piena attività. Quel mese di chiusura, non abituale negli Stati Uniti, aveva portato la gente a pensare che avessimo chiuso definitivamente.

Mentre pian piano ricostituivamo la nostra clientela base, mi resi conto che le interruzioni lunghe non erano sostenibili negli Stati Uniti. Da allora in poi, siamo rimasti aperti sette giorni su sette, dodici mesi l'anno e cominciai a delegare la responsabilità della gestione anche ad altri membri del personale. Questo metodo si rivelò molto efficace. Sia io che i clienti raggiungemmo quello che avevamo desiderato e riuscimmo a mantenere buoni rapporti durante tutto l'anno con la nostra clientela base.

Nel 1989 la nostra piccola trattoria era diventata un vero e proprio ristorante e il successo ottenuto era andato molto al di là di quello sperato per il piccolo locale in cui avevamo iniziato.

Il negozio di liquori della porta accanto aveva cessato l'attività e il proprietario dell'edificio era in cerca di qualcuno che lo acquistasse. Sapevo che questa sarebbe stata la nostra occasione per espanderci, ma avevo bisogno di prendere un mutuo. Non erano molte le banche locali disposte a concedere un prestito alla rischiosa intrapresa di un ristorante a conduzione famigliare. Pensavano che i profitti sarebbero stati esigui e non sapevano se potevano confidare nella nostra riuscita. Ma, proprio come quando escogitammo modi ingegnosi per decorare

e creare piatti deliziosi con un capitale limitato, insistemmo. Dopo numerosi rifiuti in tutta la contea, riuscimmo finalmente a ottenere un mutuo dalla Provident Bank di Suffern.

Tuttavia, i problemi non erano finiti. Fui costretto a prendere un secondo mutuo e per diversi giorni mi preoccupai per come avrei potuto fare se i proprietari del locale non avessero accettato il mutuo. Ero agitato e trascorsi diverse notti senza dormire, ma la sorte si mise dalla nostra parte poiché i proprietari alla fine furono d'accordo. Potei finalmente respirare! Finalmente potevo concentrarmi sulla nuova emozionante avventura: l'ampliamento del ristorante.

Questo ingrandimento voleva dire, soprattutto, una cucina ampliata in modo da poter servire meglio i nostri fedeli clienti. La mia preoccupazione maggiore fu quella di evitare gli errori del proprietario del ristorante italo-americano che inizialmente mi licenziò; volevo massimizzare la qualità del servizio, non concentrarmi solo sulla quantità di nuovi clienti. Il mio obiettivo era semplice - imparare a servire meglio i clienti che già avevo e poi lentamente allargarmi sulla base del successo ottenuto.

La prima cosa che feci fu quella di rendere la cucina grande quanto la sala da pranzo. Avevo bisogno di spazio per fare le focacce e i dolci fatti in casa della migliore qualità possibile. Poi, pian piano, cominciammo ad ampliare i posti a sedere, da 45 a 70, realizzando poche semplici modifiche come l'utilizzo di tavoli quadrati per far sì che i clienti avessero più spazio per godersi i pasti.

La vita divenne più facile perché c'era meno gente ad aspettare fuori e fummo in grado di fornire ai clienti un servizio migliore. Riuscimmo anche ad allacciare buoni rapporti con le molte società di base nella zona nord del vicino New Jersey. Cominciarono ad arrivare seminari, cene e feste aziendali e noi li abbiamo accolti cordialmente, fornendo gli schermi e i proiettori per i video richiesti per i loro incontri d'affari.

Una strana storia
Una sera, un uomo d'affari prenotò una cena per otto suoi clienti presso il nostro ristorante. Fummo

lieti di accettare la prenotazione, ma poco dopo la segretaria chiamò per cancellarla. Quella sera il ristorante si riempì in fretta e quando l'imprenditore arrivò, alle 7,30, rimase completamente sconcertato nel non trovare la prenotazione a suo nome. Gli spiegammo che era stata cancellata, ma non riusciva a capire perché la segretaria avesse fatto una cosa simile. Non potendo trovargli posto, gli chiedemmo scusa in tutti i modi e gli consigliammo intanto di andare a prendersi qualcosa da bere nel vicino locale e tornare più tardi appena passata l'ora di punta per la cena.

Quando l'imprenditore tornò, lo salutammo dandogli il benvenuto, ma proprio in quel momento, il ristorante piombò nel buio a causa di un guasto elettrico. Con il blackout non vi fu alcun modo di servire i nostri clienti. L'uomo rimase sopraffatto dalla frustrazione (e dallo stomaco vuoto!), ed io riuscii a mala pena a trattenermi dal ridere per quella brutta successione di eventi! Che sfortuna ! Si precipitò fuori del ristorante con la furia di un uomo che aveva una fame da lupi, e, purtroppo, non lo rivedemmo più.

Capitolo 2

Un'azienda in forte crescita

Nel 1992, dopo l'invasione del Kuwait e la fine della prima guerra del Golfo, il ristorante stava subendo un notevole rallentamento a causa della crisi dell'economia statunitense. Una sera, ricevetti una telefonata dai produttori del The Regis e Kathy Lee Show che mi chiedevano di partecipare al loro show la mattina successiva. Avevano uno spazio da riempire nel loro spettacolo della stagione estiva e volevano una ricetta per il tiramisù da preparare e presentare nel blocco riservato alla cucina. Nelle dieci ore successive, feci una corsa in cucina per preparare la ricetta, raccogliere gli ingredienti e fare un tiramisù pronto da presentare la mattina dopo nello show. Avrei avuto a disposizione solo tre minuti per completare la ricetta e mostrare il prodotto finito in diretta televisiva. Rimasi sveglio tutta la notte un po' per l'eccitazione un po' per la paura del palcoscenico.

La mattina dopo, sul set, furono tutti molto gentili. Confezionai un prodotto finito del dessert perché il tempo era molto limitato, in quanto il precedente segmento era andato oltre il tempo stabilito. Regis fu molto cordiale, mi fece un sacco di domande e mi presero anche in giro perché sembravo troppo giovane per essere uno chef ! I tre minuti passarono in fretta e quando la mia prestazione terminò sentii un grande sollievo. Dopo l'apparizione nello show, alcuni amici della California e del Colorado addirittura mi chiamarono per congratularsi con me e il ristorante fece un grande balzo in avanti in quanto a popolarità.

A questo punto, ebbi la percezione che i nostri clienti cominciavano a fidarsi del mio stile di cucina e questo mi permise di diventare più creativo con un menù in continua evoluzione. Tutto ciò si tradusse anche nella produzione di specialità più sofisticate. Fu in questa fase che cominciai anche a viaggiare, ad andare a Verona, in Italia, per la mostra "Vinitaly Expo," partecipai a degustazioni di vini locali per poter conoscere i nuovi vini italiani e californiani. Queste visite in Italia e nelle Valli di Napa e Sonoma in California sono state fonti di grande ispirazione e l'acquisizione di questa nuova competenza ha arricchito notevolmente la varietà dei vini del ristorante.

Collaborazione ed espansione all'interno

Nei primi anni novanta, iniziò anche il mio coinvolgimento con gruppi di ristoranti locali. Volli confrontarmi con colleghi che affrontavano sfide simili in modo da poter concentrare la nostra creatività e mettere a frutto i rispettivi successi. Mi unii al Gruppo Ristoratori Italiani (Gruppo Nazionale dei Ristoratori Italiani) a Manhattan e dopo breve tempo mi fu chiesto di fare da presidente del settore delle nuove adesioni. Questo incarico mi permise di conoscere tanti ristoranti nuovi e differenti, di partecipare ad eventi e incontrare ristoratori nuovi e di grande esperienza sia di New York City che di zone limitrofe. Come gruppo abbiamo anche viaggiato in numerose e diverse regioni d'Italia e visitato molte aziende vinicole e fabbriche di ottimi prodotti alimentari italiani.

Per molti anni contribuii anche a organizzare l'evento "Vino & Cucina" a New York con lo scopo di raccogliere fondi per borse di studio a favore di giovani chef che sarebbero andati in Italia per migliorare la loro formazione culinaria. Questo significò organizzare colleghi cuochi, aiutarli con i piatti che stavano realizzando e gestire molteplici eventi pubblici ogni anno. Aiutare altri chef mi rese più produttivo perché dovetti imparare a organizzare i miei molteplici progetti e in questo modo potevo fornire anche un buon servizio al mio ristorante. Diventai efficiente nel multitasking e capii che aiutare altri chef mi dava anche una prospettiva nuova per il mio ristorante; vedevo ora la possibilità di inserire attività speciali all'interno del ristorante.

I successivi cinque anni trascorsero in un soffio, poiché il mio tempo era diviso tra il ristorante e numerosi e diversi eventi di beneficenza nel mondo della cucina. Allo tempo stesso cominciai a organizzare e ospitare cene da quattro portate presso il mio ristorante. Questi pasti speciali, a cadenza mensile, tendevano a mettere in evidenza la cucina e il vino tipici di ogni regione d'Italia. Attraverso newsletter, telefonate e il passaparola, raccogliemmo diversi gruppi di vecchi e nuovi clienti che vennero a gustare i sapori e gli odori delle diverse regioni d'Italia. Inserimmo anche il vino in questi pasti e spesso invitammo sommelier per presentare le selezioni di vini che si abbinavano ai pasti che preparavo. I clienti venivano a questi eventi per imparare ad apprezzare i profumi e i sapori di ciascuna regione. Tutto questo procurava anche un modo nuovo di avvicinare i clienti al cibo italiano che amavano.

Quasi senza accorgercene, stavamo arrivando al nostro speciale decimo anniversario del ristorante. Per questa emozionante occasione, volli organizzare una celebrazione in cui presentare il menù originale e i prezzi sin dal primo giorno di festeggiamento. Cominciammo con tre giornate speciali con questo menù originale e le nostre sale fecero il pienone ! C'erano vecchi e nuovi clienti a festeggiare e condividere il successo con noi. Per ricordare l'avvenimento, organizzammo una lotteria mettendo in palio un viaggio per due in Italia. Il sindaco di Suffern ci fece l'onore di scegliere il biglietto vincente e guardammo con orgoglio i due fortunati clienti che avevano la possibilità di poter fare l'esperienza di un viaggio nell'Italia che noi conoscevamo e amavamo.

Una storia singolare

Una sera, un cliente che veniva spesso al ristorante si mise a fare una piazzata di fronte a una sala gremita. Non aveva alcuna prenotazione (e tuttavia era arrabbiato perché il suo nome non si trovava nella lista). Non riusciva a capire che non avevamo posto per lui nella sala. Mi prese in disparte agitando in aria la sua carta American Express nera e urlando: "Sa quante volte sono stato al suo ristorante?"

"Signore," risposi, "è ovvio allora che lei qui ha sempre mangiato molto bene!" Perché ora invece mi fa questa scenata?

Non rispose. Quella sera servimmo molti piatti deliziosi, ma di lui nessuna traccia tra i nostri clienti in sala.

Capitolo 3
La nascita del Caffé Dolce

Avevo compiuto dieci anni di attività e questo mi faceva sentire molto fiducioso e ottimista. Sapevo di avere costruito una buona base da cui potevo continuare ad andare avanti e mi sentivo pronto per nuove meravigliose avventure. Nel corso degli ultimi dieci anni di attività si erano affacciate molte opportunità che avevo respinto perché sapevo che senza una solida base non potevo espandermi a cose più grandi. Ora potevo cominciare ad andare oltre a quello che avevo raggiunto.

Un giorno, mentre stavo osservando l'area all'esterno del mio ristorante, notai che il piccolo caffè dall'altra parte della strada stava chiudendo l'attività. Da ragazzino che cresceva in un paese italiano, avevo sempre portato caffè espresso portandoli dai locali bar a banche e negozi vicini durante la giornata lavorativa in cambio di piccole mance o anche qualche gelato. La cultura del caffè in Italia si basa sull'idea che il modo migliore per godere della compagnia delle persone che ami è assaporare con loro una bella tazza di caffè. Pensai tra me, perché non creare lo stesso tipo di atmosfera da caffè qui?

Capii che potevo aprire un luogo dove servire cappuccini, dolci e poi, in estate, il vicolo accanto ad esso, avrebbe potuto funzionare da campo da "bocce" (un gioco di palla molto simile al bowling e alla francese "pétanque"). Per me sarebbe stato un ottimo posto per rilassarmi e sarei anche stato in grado di ammirarlo e di controllarlo dal nostro locale di fronte. Attraversai la strada per parlare con il proprietario del caffè, e per $ 1000, comprai alcune delle loro attrezzature. Successivamente, avvicinai il proprietario per vedere se potevo negoziare un contratto di locazione.

Non volevo prendere tutto l'impegno da solo, così iniziai a sondare il terreno per vedere se qualcuno dei miei collaboratori poteva essere interessati ad aderire al progetto. Capitò che uno dei miei camerieri fosse interessato al caffè. La nostra partnership si sviluppò rapidamente in seguito e Caffè Dolce si avviò. Non fu inizialmente un compito facile perché le attività che offrono solo caffè e dessert da solo non sono sufficienti a fornire il reddito di un locale di queste considerevoli dimensioni. Poiché il Ristorante Marcello's aveva solo un piccolo spazio riservato al bar, invece di un servizio bar completo fornito di posti a sedere, ritenemmo che sarebbe stato vantaggioso per noi aprire un bar grande con la prospettiva che i clienti avrebbero potuto prendere un drink al Caffé Dolce in attesa di cenare presso Marcello. Per quanto riguardava il campo da bocce, lo spazio occupato su nel parcheggio sarebbe stato troppo, così decidemmo per il momento di metter su nel cortile solo pochi tavoli e sedie.

Riconoscimento internazionale

Ora che il Caffé Dolce si era ben impiantato, cominciai ad aumentare il numero di eventi di successo che già ospitavo con regolarità al ristorante da Marcello. Molti dei nostri eventi promossero l'olio extra vergine di oliva con Paolo Villorese, direttore della rivista La Cucina Italiana. Organizzai numerosi eventi da Marcello per La Cucina Italiana e ospitai anche gli eventi alla loro scuola di cucina a Manhattan.

La Cucina Italiana successivamente mise assieme una compilation con oltre 25 chef di primo piano e ognuno di noi contribuì con cinque ricette uniche della pasta. La raccolta, **The Signature Pasta Book**, permise alla rivista di rappresentare lo stile unico di ogni cuoco e il contributo della cucina italiana al mondo americano. Questo si rivelò un modo unico per me di entrare in contatto con la mia clientela base nelle loro cucine. Poiché ogni ristorante aveva una sua pagina di copertina per il libro, siamo riusciti a vendere  copie del libro nei nostri ristoranti e fui felice di questa nuova forma di contatto con la mia clientela.

Questo fu anche un grande onore per me poiché era la prima volta che mi era stato chiesto di contribuire con le mie ricette al mondo culinario più vasto. I miei clienti amavano utilizzare le ricette nelle proprie case e fui incoraggiato a continuare la ricerca di opportunità al di fuori delle mie reti locali.

Nel frattempo avevo lasciato il Gruppo Ristoratori Italiani e m'iscrissi all' Associazione Ciao Italia, un gruppo a livello mondiale con sede in Roma. Sentii che questo cambiamento mi avrebbe permesso di ottenere più contatto con il mondo culinario internazionale. Come partecipante a Ciao Italia, conobbi chef provenienti da Germania, Francia, Venezuela, e vari Paesi asiatici, e insieme fummo in grado di scambiare idee e collaborare a eventi formativi per i cuochi. Ero cresciuto in Italia e vissuto a New York, ma ora, per la prima volta, avevo una rete internazionale a portata di mano.

Nel 1997, ebbi l'onore di essere nominato **"Ambasciatore della cucina italiana all'estero."** Andai a Roma dove, insieme ad altri cuochi, incontrai tutti i membri del governo italiano e il presidente Oscar Luigi Scalfaro al Palazzo del Quirinale. Questo riconoscimento diede un' ulteriore spinta alla mia fiducia e mi diede un rinnovato incoraggiamento per continuare a darmi da fare per i accrescere le mie aspettative su ciò che la mia azienda avrebbe potuto raggiungere.

Ulteriore espansione: il Waterwheel e l'Ho-Ho-Kus Inn

Nel 1998, improvvisamente ebbi due nuove opportunità in agenda: il Waterwheel e l'Ho-Ho-Kus Inn. L' avventura del Waterwheel cominciò quando fui contattato dai proprietari di un bar nelle vicinanze, con una imponente disposizione di uno chalet e un vecchio mulino storico sulla proprietà. Dal momento che stavo già lavorando a diversi progetti di successo, i proprietari avevano sentito parlare di me ed erano interessati a unire le forze con me per espandere la propria attività ad un altro ristorante a servizio completo.

La posizione del locale era mozzafiato. L'edificio aveva una bellissima vista sul tramonto, e pensai che questo poteva essere abbinato a un servizio di prima colazione, pranzo e cena, per creare un' operazione molto più grande e di maggior successo. Allo stesso tempo, ero consapevole che si trattava di un progetto ambizioso, così chiamai un amico interessato al settore della ristorazione e l'ho messo in contatto con i proprietari del locale. Io volevo essere coinvolto, ma preferii restare più nel campo della cucina e il mio amico era più interessato al lato economico del progetto.

Prendemmo accordi per lavorare tutti insieme su vari livelli di responsabilità e, dopo poche settimane, decidemmo di dare un nome al nuovo locale ristrutturato "Il Mulino ad Acqua" a causa dello storico mulino situato proprio dietro.

Poiché da dieci anni lavoravo da solo, trovai stimolante il bilanciamento del progetto con partner multipli. Ci fu uno scambio di idee tra tutti i soci e i proprietari tirarono fuori alcuni progetti di costruzione molto ambiziosi per il locale. Il loro obiettivo era quello di costruire una sala di ristorazione dietro il bar, rivitalizzare il mulino e costruire gazebo tutt'intorno, per facilitare l'allestimento di grandi ricevimenti come matrimoni e, allo stesso tempo, far sì che il pubblico potesse visitare lo storico mulino.

A causa dei loro piani di espansione e per il fatto che allora avevo altri progetti ancora in corso, non avevo intenzione di investire troppi soldi nel locale prima di iniziare a rivitalizzare il menu. I proprietari mi avevano detto che potevo diventare partner a pieno titolo una volta che gli impegni di costruzione fossero finiti, così ebbi la possibilità di aspettare a investire fino ad allora, ma sentivo che era sbagliato non contribuire per niente. Mi sembrava che avrei dovuto investire parte dei miei soldi per rendere l'aspetto del locale più attraente perché sapevo che alla fine sarei entrato nel progetto.

Il mio investimento si indirizzò verso il paesaggio e, dal momento che l'edificio era situato su terreni agricoli, i risultati furono spettacolari. Mi fece piacere aver contribuito per circa 60 mila dollari di soldi miei e non vedevo l'ora di poter continuare a investire nel ristorante in seguito.

Ma, dopo che il ristorante rivitalizzato aprì, gli investitori e i proprietari cominciarono ad avere dei conflitti. Il gestore del ristorante non volle ascoltare gli investitori e l'intera concezione del ristorante iniziò a cadere a pezzi. Dopo molti tentativi per rimettere insieme proprietari e investitori e comporre le loro divergenze, la partnership andò a rotoli.

Ora mi sentivo bloccato tra le due parti, con decine di migliaia di dollari investiti e nessuna chiara idea su come risolvere le differenze tra tutti i partner. Dopo un tentativo fallito di rilevare le mie quote e prendere la sola proprietà del ristorante, decisi che la soluzione migliore sarebbe stata quella che i proprietari originari lo gestissero da soli. Potevo ridurre le mie perdite, prendere una quantità minore di soldi che avevo investito nell'impresa e lasciare la società dopo meno di un anno.

In questo periodo, un agente immobiliare di Ridgewood, New Jersey, mi incoraggiò fortemente a dare un'occhiata a un ristorante di rilevanza storica nel New Jersey. Il ristorante, l' Ho-Ho-Kus Inn, un ristorante francese che aveva cessato l'attività. I proprietari erano alla ricerca di un nuovo operatore che firmasse un contratto di locazione e acquistasse la licenza degli alcolici. L'agente immobiliare con molta insistenza mi fece capire che sarei stato la persona migliore, con la spinta giusta per portare di nuovo questo ristorante al successo. Con la riuscita di Marcello's e Caffè Dolce nella mente, ero entusiasta, ma dentro di me, sapevo che questo sarebbe stato un grande progetto che non potevo sostenere da solo.

Quando questa idea era maturata bene nella mia testa, pensai a una persona che mi aveva più volte chiesto nel corso degli anni di partecipare a un affare con lui. Quando gli accennai della Ho-Ho-Ho-Kus Inn, ne fu molto entusiasta. Insieme esaminammo nei dettagli il rilevamento del ristorante. Fu molto complicato perché questa costruzione storico era di proprietà del villaggio mentre la licenza per gli alcolici apparteneva alla precedente società di gestione. Questo fatto portò una complicazione: per acquistare il locale dovemmo acquistare la licenza, ma per ottenere il contratto, dovevamo partecipare ad una gara d'asta. Con nostro sgomento, andammo all'asta possedendo la licenza, ma sapendo che qualcuno avrebbe sempre potuto facilmente batterci per l'utilizzo del ristorante.

Avevamo, tuttavia, certamente un'ottima possibilità di ottenere entrambe, poiché l' Ho-Ho-Kus Inn era sempre stato un grande luogo d'incontro dove si serviva alcool. Questo significava che la prospettiva che questo locale non avrebbe servito alcolici probabilmente non avrebbe giovato ai proprietari del nuovo ristorante. Con questo in mente, affrontammo l'asta con un piano di azione. C'erano molti uomini d'affari desiderosi di fare l'acquisto, ma precisai a tutti che non avrei mai venduto la licenza se qualcun altro avesse acquistato la proprietà. Penso che questa schietta onestà convinse gli altri che se avessero fatto un'offerta più alta della nostra, non sarebbero mai riuscire a ottenere la licenza e che in questo modo il business alla fine non li avrebbe mai ripagati. Questa si rivelò una tattica molto efficace e lasciammo l'asta con il contratto di locazione nelle nostre mani.

Sentimmo subito un senso di liberazione e di eccitazione, ma non ci rendemmo conto di quanto grande questo progetto sarebbe finito per essere. La struttura era vecchia e rovinata e dovemmo fare una completa ristrutturazione di tutta la struttura. Ciò portò ad un lungo e difficile processo di costruzione, con prestiti, ritardi nel lavoro a causa della situazione storica dell'edificio e, infine, un dilemma sul tipo di cucina che avremmo servito poiché l'edificio era un punto di attrazione americano, ma la mia specialità era la cucina italiana.

Dopo alcuni mesi di estenuante lavoro, furono prese grandi decisioni, fu scelta una cucina eclettica e la costruzione fu portata a termine. L'8 luglio 1998, finalmente aprimmo i battenti e le autorità della città di Ho-Ho-Kus parteciparono alla nostra grande apertura con forti aspettative sulla trasformazione dell'icona che avevano sempre molto considerato.

Ma solo quando finalmente aprimmo con il servizio regolare che cominciammo a capire quanto era difficile servire i clienti. A causa del suo status di località storica, non potei cambiare molti aspetti della costruzione e, a causa dell'età dell'edificio, c'erano molte stanze piccole, niente bagno per i disabili e alcuni servizi non erano molto situati in luoghi confortevoli.

Nonostante questi inconvenienti, la locanda Ho-Ho-Kus aveva molte camere, splendide e uniche. La mia sala preferita si trovava appena fuori il foyer principale ed era notacome la Sala dei Cristalli. Questa sala da pranzo, vecchio stile ed elaborata, presentava anche uno splendido lampadario di cristallo al centro della stanza, sculture dorate di angeli lungo le pareti ed ampie finestre che correvano lungo la stanza. Il presidente Nixon aveva il suo tavolo speciale qui quando il primo ristorante francese era in attività, e ogni cliente abituale che veniva voleva sedersi in questa sala, alcuni addirittura insistendo che avrebbero accettato di mangiare solo in questa sala. Questo rese a volte difficile il funzionamento perché la stanza aveva posto solo per 42 persone, ma ci sforzammo per soddisfare i nostri clienti nel miglior modo possibile.

Dal momento che era risaputo che ero anche il proprietario del Marcello's ristorante, che era caratterizzato dalla cucina italiana, molti clienti mi chiesero di servire la cucina italiana all'Ho-Ho-Kus Inn. Nel 2000, dopo due anni di cucina eclettica all'Ho-Ho-Kus Inn, decisi di presentare un menu simile a quello di Marcello's e cambiammo il nome ufficiale del ristorante che così divenne: "Marcello's all' Ho-Ho-Kus Inn." Avevamo avuto successo con il menù assortito, ma sapevo che avremmo potuto rendere più soddisfatti i clienti concentrandomi sulla cucina italiana.

Per ufficializzare questo cambiamento, invitai due miei cari amici italiani, Agata e Romeo, che possiedono un ristorante a una stella Michelin a Roma, per partecipare in qualità di chef ospiti d'onore a una festa di tre giorni. Agata preparò alcuni spettacolari autentici piatti italiani per l'evento. Con questo cambiamento il ristorante cominciò ad avere buone recensioni per i meriti della sua cucina.

Nel terzo millennio
Entrammo nel 2000 con tutti e tre i ristoranti che operavano con grande successo. Dalle nostre prime esperienze con l'originale Ristorante Marcello tra il 1998 e il 2000, avevamo appreso che la base dei primi dieci anni di attività era stata necessaria per avere successo con l' ampliamento delle altre due operazioni. In seguito, abbiamo raggiunto una grande espansione con le nostre imprese successive e abbiamo continuato a costruire la nostra crescente clientela base.

Poi, una mattina, il mondo andò sottosopra. Intere famiglie, da Ho-Ho-Kus a Suffern, da Rockland a Bergen County, da Westchester a New York City, furono stravolte dal dolore delle perdite dell'11 settembre. Questo effetto si propagò a tutti i membri della comunità e condividemmo il dolore dei nostri vicini, lo shock e il lancinante senso di perdita.

Una storia insolita
Il 12 settembre 2001,il giorno dopo la tragedia, stavo lavorando al ristorante Marcello's, servendo per un ricevimento da sei. Erano clienti che normalmente richiedevano una quantità extra di attenzione. Purtroppo, una delle nostre cameriere era distratta, presa dagli eventi tragici del giorno prima e, sbadatamente, commise un errore con uno dei piatti di una delle donne. Uno dei clienti aveva richiesto pesce lesso senza sale, così rifacemmo il piatto. Il piatto richiedeva almeno 12 minuti per la preparazione. Mentre stavamo preparando di nuovo

il piatto, la donna si era molto agitata e continuamente voleva sapere dove era il suo piatto. A un certo punto, ci chiese anche di "lasciar perdere" dicendo che voleva solo portarsi il piatto a casa. Poi decise che non voleva più nemmeno il piatto. In quel momento, finito di preparare il piatto, l'ho portato io stesso da lei direttamente. Appena mi avvicinai al tavolo per esprimere le mie scuse per l'errore della nostra cameriera, la donna mi guardò con un'espressione veramente infastidita e disse: "Non voglio nemmeno il piatto."

Reagendo d'impulso, anche a causa di tutto lo stress del giorno prima, sbottai, "Signora, con tutte le persone che hanno sofferto ieri e il dolore che ci portiamo ancora dentro, perché vi comportate in questo modo?"

Non so se sia stato giusto reagire così bruscamente, ma a quel punto mi ero reso conto che quella cliente non sarebbe più tornata, e forse avrebbe fatto meglio a trovarsi un altro ristorante in grado di soddisfare le sue esagerate esigenze. Certamente non apprezzammo il disprezzo mostrato nei confronti del nostro personale che lavora sempre con notevole impegno.

Capitolo 4

Ricostruzione e rinnovo dopo l'11 settembre.
Dopo la tragedia dell'11 settembre, l'economia vacillò. Tutto era fermo, nessuno viaggiava o andava fuori a mangiare e il morale generale era piuttosto basso. Con tre ristoranti ancora sotto la mia proprietà e responsabilità, avevo pensato di chiudere il ristorante Marcello's di Suffern per concentrarmi esclusivamente sull' Ho-Ho-Kus Inn.

Oltre alle preoccupazioni economiche, avevo ancora il problema del negozio accanto al ristorante Marcello's di Suffern che attirava un sacco di ragazzi che si ritrovavano lì davanti, riducendo il numero di possibili nuovi clienti che volevamo fermarsi a mangiare. Ma dopo aver analizzato la situazione e discusso le mie intenzioni di lasciare Suffern con il sindaco di Suffern e il DARE Officer Clark (adesso capo della polizia), essi in qualche modo mi convinsero a prendere in considerazione l'acquisto dei restanti mesi del contratto di locazione della negozio. Questo mi portò all'idea di rimodernare Marcello's e il mio ottimismo per il futuro del ristorante iniziò a rinnovarsi.

Così iniziò questo nuovo progetto; comprai il resto del contratto di locazione e cominciai a cercare nuove idee su come utilizzare quest'ultima aggiunta al mio locale. Marcello's ora non aveva nessun altro affittuario, così ero libero di utilizzare lo spazio come desideravo. Cominciai con il progettare una nuova sala per ricevimenti e un bel bar. C'era uno spazio dalla forma strana nella parte posteriore, che, dopo un'attenta valutazione, mi resi conto che sarebbe stato perfetto per formare uno studio di cucina che avevo sempre desiderato. Feci un preventivo, misi l'edificio a garanzia collaterale per questo impegno, il progetto si avvio e così il 17 maggio del 2002 festeggiammo la nuova apertura con il sindaco di Suffern, il signor Howard Glinsky e l'assessore della Contea del Rockland Ellen Jaffee, ora rappresentante nel parlamento dello Stato di New York. Essi mi regalarono una targa, proclamando questo giorno la "Giornata del Ristorante di Marcello" nella Contea.

Nei successivi otto mesi, l'economia locale lentamente riguadagnò una certa forza e con l'aggiunta di questa nuova parte, ero pronto per affrontare altre opportunità che non avevo potuto affrontare in precedenza. Potevo ospitare ricevimenti più grandi, specialmente per quei clienti che richiedevano la musica e il ballo; le aziende furono in grado di tenere seminari avendo a disposizione un bar grande dove fermarsi a prendere un antipasto. La parte più notevole aggiunta al ristorante fu il mio Studio di cucina perché questo rappresentava una struttura unica nel Rockland. Invece di andare a casa dei clienti o tenere lezioni nella mia cucina, ora potevo tenere lezioni di cucina o preparare pranzi per un massimo di dodici ospiti. Potevo preparare un menù speciale con abbinamenti di vino e cucinare realmente i pasti sotto gli occhi dei miei clienti! E con l'aggiunta del corso di cucina, ero in grado di insegnare allo stesso tempo le tecniche di autentica cucina italiana ai miei clienti e preparare pasti che essi potevano apprezzare.

Il Convegno di Ciao Italia del 2002

Durante il convegno dell'Associazione Ciao Italia in Italia nel 2002 ancora una volta fui invitato ad andare al Palazzo del Quirinale per incontrare il presidente della Repubblica Italiana Carlo Azeglio Ciampi e il ministro dell'agricoltura. Non avevo mai pensato in vita mia che avrei incontrato il presidente della Repubblica e ora lo incontravo per la seconda volta. Tutto ciò era al di sopra e al di là di ogni aspettativa che avessi potuto avere per la mia carriera e, di tutti gli onori che avevo ricevuto fino a quel momento, questo era il più grande. Avevo non solo l'occasione di incontrare questi grandi personaggi della politica, ma anche di muovermi tra le solenni sale del Quirinale. Sentirsi bene accolto lì, aveva per me un grande significato perché la mia famiglia aveva sempre avuto un grande rispetto per le istituzioni.

Il convegno di Roma andò bene, nonostante gli alti e bassi di solito ogni conferenza. Il problema più grande con il nostro convegno fu di cercare di coinvolgere i membri del governo in una riorganizzazione della rappresentazione della cucina italiana all'estero. Sentivamo che era necessario raggruppare i ristoratori italiani sparsi per il mondo e incoraggiarli a pensare oltre il loro successo individuale. Il presidente di Ciao Italia, Bartolo Ciccardini, diceva sempre che i ristoratori italiani all'estero erano l'orgoglio più grande dell'Italia e dell'industria dell'export poiché essi rappresentavano il paese come mini ambasciatori sparsi in tutto il mondo. Ma il governo italiano ancora non si rendeva conto di questo e non sfruttava al massimo questa opportunità.

Idealmente, volevamo garantire che quando un prodotto è indicato come "italiano," esso veramente deve venire dall'Italia. Diversamente, ogni cuoco può utilizzare prodotti meno costosi, non genuini e farli passare come italiani, mentre i ristoranti italiani autentici perdono introiti perché usano prodotti autentici e più costosi. A tutt'oggi, preoccupazione principale del presidente di Ciao Italia rimane quella che il governo italiano e gli chef italiani nel mondo non sono ancora uniti nel promuovere la cucina e la cultura italiana ovunque esse vengono apprezzate nelle varie parti del mondo.

Caffé Dolce cambia proprietà.

Il 2002 passò molto veloce e gli affari andarono a gonfie vele. Rimasi molto sorpreso da come la mia nuova ristrutturazione da Marcello venisse bene accolta. I miei clienti furono così felici per l'aumento dello spazio e il problema degli adolescenti che si fermavano lì fu infine risolto perché, perché accanto al ristorante non c'era più il negozio, gli adolescenti non sentirono più il bisogno di fermarsi a parlare lì davanti

Nel frattempo, mentre ero molto impegnato con Marcello's e l' Ho-Ho-Kus Inn, il mio socio del Caffè Dolce, mi chiese se volevo vendere le mie azioni nel Caffè perché voleva spostare l'attività in una nuova direzione con suo figlio. Compresi il suo desiderio di creare un'impresa che poteva trasmettere alle generazioni future, così accettai la sua offerta, gli vendetti le mie azioni, facendogli i migliori auguri per la sua nuova impresa.

Diventare Autore

Era il 2005 e da alcuni anni ampliamento del ristorante incontrava un successo crescente. Fui avvicinato da un editore locale che conosceva i miei ristoranti e m'invitò a scrivere un libro di cucina. Fui molto onorato di questa idea e, dal momento che il mio studio di cucina stava andando molto bene, pensai che un libro di cucina sarebbe stato un grande passo avanti per continuare a raggiungere il pubblico. Dopo alcune settimane passate a scrivere le ricette e cercare l'adrenalina per questa nuova avventura, l'editore scomparve del tutto. Ma a quel punto avevo già detto a molti clienti del mio prossimo libro di cucina e mi sentii costretto ad andare avanti nonostante questo rallentamento.

Deciso a proseguire, dopo aver ricevuto l'entusiasmo e il sostegno della mia famiglia e della clientela, chiamai alcune case editrici per vedere se erano interessate a pubblicare il mio libro, ma nessuna di loro si mostrò interessata a farlo. Ciò nonostante, con l'aiuto di mia cugina, Milly Iacono, una graphic designer, decisi di diventare editore di me stesso. Credetemi, dovetti fare delle ricerche su tutto ciò che aveva a che fare con la pubblicazione di un libro. Mi ci vollero ben

sette mesi per scrivere l'intero libro e sento ancora i crampi al collo per tutto il lavoro di ricerca che ho fatto davanti al computer, a volte lavorando anche fino alle 3 di mattina! Alla fine, il concetto si concretizzò e chiamai il libro **"Sale, Pepe, Amore e Creatività."** Non volevo che fosse solo un libro di cucina, così creai anche una guida dei vini che includeva solo le descrizioni importanti del vino.

Questo era importante per far sì che ogni cuoco dilettante potesse comprendere termini come Barolo e Chianti e utilizzare la guida per scegliere il giusto vino da accompagnare a ogni pasto. Con l'aiuto di un fotografo professionista, Anna Pakula, specialista di vini, inclusi anche la fotografia di vini squisiti ad integrazione delle descrizioni e delle ricette.

Alla fine avevo investito 80 mila dollari del mio denaro per realizzare il libro e feci stampare 10.000 copie, ciascuna con una bella copertina rigida. Ero un po' preoccupato che il libro non riuscisse a vendere abbastanza da rientrare con le spese, ma con il mio grande ottimismo, fummo in grado di vendere abbastanza da recuperare il capitale e di essere ancora in grado di donare copie a enti di beneficenza e dare copie omaggio ai clienti festeggiare in occasioni speciali.

Subito dopo la pubblicazione del libro, fui molto impegnato nella firma dei libri. Riuscii a far vendere il mio libro presso librerie locali di Barnes and Noble, presso la Rizzoli di New York City, librerie locali nel New Jersey, e anche da Chef Central a Paramus. Dopo questo successo, l'unica cosa che mancava era un programma televisivo. Questo avvenne quando incontrai Ornella Fado, un produttore dello show televisivo "Brindiamo," uno spettacolo di cucina trasmesso sul canale NYCTV di New York City. Lo show di Ornella era impostato sull'idea di mostrare uno chef italiano, intervistarlo sul suo background e sul suo ristorante e poi passare in cucina e aiutarlo a presentare i suoi piatti. Insieme abbiamo prodotto un video che mostra sia il ristorante Marcello di Suffern sia quello di

Ho-Ho-Kus, abbiamo ripreso una breve conversazione sulla mia formazione ed esperienze varie come chef e quindi abbiamo creato un segmento nello studio di cucina di Marcello per presentare le mie ricette. Dallo spettacolo è stato realizzato un DVD che è stato trasmesso molte volte nella zona del tri-state.

Questo segmento televisivo è stato importante per me a molti livelli. Innanzitutto mi ha aiutato a riguardare alla gamma dei miei diversi successi e pensare alla lunga traiettoria che va dal mio arrivo dall'Italia con poco più di un'idea in testa, fino al raggiungimento del successo non solo nel mondo della cucina, ma anche nel diventare un rinomato imprenditore capace di trasmettere la gioia della cucina italiana a molti clienti e amici. A oggi, molte persone ancora vengono nei miei ristoranti e mi dicono che hanno sentito parlare di me nel programma televisivo e sono curiosi di assaggiare la mia cucina e vedere i miei ristoranti.

Una storia insolita.
Per molti anni una certa coppia veniva a mangiare regolarmente in uno dei miei ristoranti. Ogni volta che venivano, chiamavano in anticipo per informarsi sulle specialità del giorno. Eppure, quando alla fine decidevano cosa mangiare,ogni volta era lo stesso piatto indipendentemente da quelle che erano le specialità del giorno. L'unica cosa che non cambiavano mai erano le verdure: a lato o insieme al piatto principale. La varietà non era cosa loro.

Questo non mi dava fastidio. Rispettavo la loro scelta di mangiare la stessa cosa ogni volta, ma non capivo il perché chiamassero per le specialità e poi mai si permettevano di provare una di loro. L'unica cosa che mi dava fastidio era la loro abitudine di lamentarsi. Quando ero al ristorante, mi dicevano sempre che il cibo era eccellente, elogiando il personale di sala e il mio lavoro in cucina. Eppure, immancabilmente, ogni volta che non ero nel ristorante quando venivano a mangiare, si lamentavano sempre: il cibo era troppo salato, il pesce troppo duro. In quelle occasioni, quando non ero presente, non importa cosa, trovavano sempre qualcosa che non gli piaceva.

Un giorno, quando ero al ristorante, la coppia chiamò e fece una richiesta speciale per lo snapper rosso. Questa era un'enorme sorpresa - un nuovo piatto! Ma in quel giorno particolare, la normale spedizione di pesce non era arrivata, invece, avevo ricevuto un campione di uno speciale snapper dalle Hawaii. Questa non era esattamente lo snapper che i clienti avevano richiesto ed io personalmente non conoscevo molto bene questo tipo di pesce. Non appena la coppia arrivò, spiegai la situazione, e gli assicurai che ero disponibile a cucinare il pesce e potevano vedere se gli piaceva. Essi si dichiarano d'accordo, e non appena il pesce gli fu inviato, andai in sala da pranzo e chiesi loro cosa ne pensassero. Sorrisero educatamente e mi dissero che andava bene.

Alla fine del pasto, il cameriere andò a ritirare i piatti e la coppia si lamentò a voce alta che era stato veramente cattivo. "E'stato pessimo," dissero con disgusto visibile.

Il cameriere si precipitò in cucina e riferì ciò che la coppia gli aveva detto. A causa dei quattro anni di frustrazione accumulata nel cercare di compiacere questa coppia ogni settimana per un misero conto di $ 40, persi improvvisamente la pazienza. Mi precipitai a passo svelto nella sala da pranzo, affrontai direttamente la coppia e gli dissi che quello che avevano detto ai camerieri non era proprio quello che avevano detto a me e per questo avevano superato ogni limite. Con tutti gli altri clienti nel ristorante che guardavano con curiosità, aggiunsi che se questo era il loro modo di comportarsi avrebbero fatto bene a non farsi più vedere nel mio ristorante.

Ricorderò sempre questo momento. Mia moglie, in seguito, insistette perché non reagissi così aspramente con i clienti, ma dopo tanti anni di sopportazione, quello che dissi alla coppia fu piccola cosa rispetto allo stress che mi avevano causato.

Capitolo 5
Nuovi Progetti
In questo periodo, il successo del mio libro di cucina insieme all'uscita di un DVD con le mie partecipazioni allo show di Ornella Fado avevano reso il

mio studio di chef e le lezioni di cucina molto popolari presso i miei clienti. D'altra parte, il mio socio in affari al ristorante di Ho-Ho-Kus non era soddisfatto delle entrate che il locale realizzava. Dal momento che il mio partner non gestiva direttamente il locale avevo bisogno di altra mano d'opera che lo affiancasse, ma questo avrebbe ridotto il profitto totale. Per accontentare il mio socio, gli offrii di comprare le sue azioni in modo da poter trovare una nuova opportunità che poteva funzionare meglio per il suo stile di lavoro manageriale. Concludemmo un accordo e fui contento perché mi sarei sentito più a mio agio a gestire il locale senza la pressione di un socio.

Il mio obiettivo per l'Ho-Ho-Kus Inn era di tenerlo per dieci anni e venderlo alla soglia dei 50 anni.. Dopo nove anni di proprietà, ricevetti una telefonata di uno chef di una steakhouse il quale mi disse che era interessato all'acquisto del ristorante. Mi incontrai con i proprietari ed essi fecero un'offerta per l'acquisto. Ma mi ricordai che, qualche anno prima, uno dei miei clienti aveva detto al mio manager che, quando ero pronto a vendere, sarebbe stato molto interessato a comprarlo. Come avevo detto, avrei venduto il ristorante dopo 10 anni di attività e all'età di 50 anni, ma ora nacque un dilemma: vendere o no?

Dopo molte notti insonni, decisi di lanciare la monetina. La mia decisione sarebbe stata molto semplice: testa o croce. La monetina indicò la vendita del l' Ho-Ho-Kus Inn e presi questa decisione anche perché avevo ricevuto alcune offerte interessanti. Poiché inizialmente avevo dato la mia parola al cliente affezionato che aveva manifestato interesse nell'affare anni prima, questi ebbe la prima opzione di acquisto. Dopo aver negoziato il prezzo, arrivò una buona offerta e la vendita fu perfezionata. Provai qualche rammarico perché quando vendetti il ristorante, lo dovetti vendere così com'era. Se lo avessi venduto allo chef della steakhouse, il fatto sarebbe stato completamente diverso. Nel lasciare il ristorante così com'era, si veniva a creare una certa concorrenza tra Marcello's e l'Ho-Ho-Kus Inn. Ma poiché avevo dato la parola, decisi di mantenerla.

Ebbi anche un po' di dubbi per il futuro del ristorante visto che il nuovo proprietario aveva pochissima esperienza nel settore della ristorazione. Gli chiesi tante volte se questo tipo di attività era quella giusta per lui, ma mi rispose convinto che lo era. Con una buona somma di denaro, la garanzia personale e la sicurezza della licenza per gli alcolici, alla fine accettai l'offerta. Il giorno della vendita dell'Ho-Ho-Kus Inn fu il giorno più felice sia per la moglie del nuovo proprietario sia per mia moglie che si occupava di tutta la contabilità dei due ristoranti!

Altre Visite di Ciao Italia a Roma

Nel 2007, fui di nuovo invitato ad andare a Roma per conto dell'Associazione Ciao Italia. Questa volta ci fu una visita speciale organizzata con il nuovo capo di stato italiano, presidente Giorgio Napolitano e l'onorevole Fausto Bertinotti, presidente della Camera dei Deputati. Dato che questa era la terza volta che venivo invitato a una cerimonia alla presenza delle più alte cariche dello stato, mi sentii molto onorato e anche molto responsabile per il contributo dato al progresso della nostra cucina nazionale. L'argomento di discussione era rimasto lo stesso delle nostre visite precedenti: come si sarebbe potuto migliorare la qualità del cibo italiano all'estero. Questa volta, fummo in grado di avere conversazioni più produttive su come si poteva mantenere l'autenticità e far sì che i clienti sapessero se il cibo che mangiavano era effettivamente italiano o solo elaborato sul modello della cucina italiana tradizionale.

Lasciai Roma con la felice sensazione di aver condiviso cene meravigliose con tutti i nostri membri internazionali e sentendomi molto fiducioso riguardo al nostro obiettivo di miglioramento della cucina italiana in tutto il mondo.

Da trattore ad attore. L'esperienza del set cinematografico.

Un pomeriggio del 2008, il regista Derick Martini si fermò nel mio ristorante di Suffern. Tutto d'un tratto, mi chiese se volevo preparare il cibo per alcune scene del suo imminente film dal titolo

Lymelife. Mi disse che si trattava una commedia dark girata in loco con un cast di attori tutti importanti. Poiché nel film si dovevano girare diverse scene con il mangiare, era venuto a chiedere la mia collaborazione.

Una di queste scene rappresentava una serata di bingo in una chiesa dove si svolgeva un grande buffet, mentre in un'altra si teneva una festa di cresima nel cortile di una casa. Mi toccò anche far bruciare un tacchino per la scena in cui Jill Hennessy bruciava il tacchino della cena! Sapete quanto sia difficile bruciare un tacchino? Pur tenendolo nel forno per tanto tempo, quella sera il tacchino non si bruciava; così improvvisai e lo coprii con zucchero caramellato, al fine di ottenere l'effetto necessario per la scena.

Per i miei servizi Derick promise di inserirmi nell'elenco dei collaboratori nei titoli di coda alla fine del film. Accettai, ma poi, pochi giorni dopo, mi chiese anche se volevo partecipare in carne e ossa ad alcune scene del film. Aveva bisogno di un prete di lingua italiana per la scena del bingo. Mi chiese di scrivermi le battute che dovevo dire nell'atto di rivolgermi a un personaggio di nome Suor Margherita dicendole che aveva sbagliato il tipo di lasagna. Presi anche parte a una scena di ballo in cortile per una festa di cresima e ballai con uno degli ospiti. Girammo quella scena nel cortile di una casa di Ho-Ho-Kus e ci vollero più di cinque ore in una serata molto fredda!

Dal momento che avevo fatto una parte di recitazione, non solo fui retribuito per quel servizio, ma ebbi anche la possibilità di richiedere la tessera della *Screen Actors Guild* (l'Associazione degli attori del cinema). Ci sono tantissimi attori che cercano in ogni modo di ottenere questa tessera,e quindi restai molto impressionato.

Questa esperienza mi piacque immensamente. Imparai anche che nel mondo del cinema ci vuole molta pazienza. L'unica delusione che ebbi fu che Derick dovette tagliare una mezz'ora di pellicola, così, alla prima del film a Paramus, scoprii che nella sequenza della scena della cresima si vedeva solo una mano per via dei tagli nel montaggio. Mi persi anche l'esperienza del tappeto rosso alla grande presentazione del film a New York City perché ero in Italia, ma ebbi l'occasione di incontrare Alec Baldwin, Jill Hennessy, i fratelli Culkin, Emma Roberts, Cynthia Nixon, e questa esperienza è rimasta veramente indimenticabile per me.

Una nuova opportunità a Nutley, New Jersey

Ora mi trovavo ad avere un solo ristorante sotto la mia responsabilità. Un giorno, un mio amico che possedeva un piccolo ristorante senza la licenza dei liquori, denominato Via Brera a Nutley, New Jersey, mi chiamò perché voleva che lo aiutassi a diventare un ristoratore e imparare il mestiere. Quando andai da lui, trovai un ristorante messo molto male: la cucina era gestita male e la sala da pranzo era completamente disorganizzata. Il mio amico non sapeva fare di meglio e si era affidato ai consigli dello chef che aveva assunto. Mi offrì una parte del profitto, ma non potevo accettare di operare in questo tipo di condizioni. Il mio amico, inoltre, non voleva mettere altro capitale, così decisi di metterci dei soldi personalmente per rendere il locale più operabile. C'erano situazioni come quelle presenti nello spettacolo di Gordon Ramsey "Kitchen Nightmares." Credetemi quando dico che la scena in cucina era esattamente come quello che si poteva osservare dietro le quinte di uno degli spettacoli di Gordon!

Dopo un mese di riorganizzazione del posto, il nuovo ristorante fu pronto. Con mia soddisfazione, il locale cominciò a funzionare come un vero e proprio ristorante. Ma, dopo pochi mesi, analizzammo la situazione e, nonostante le buone intenzioni, il mio amico dovette riconoscere che non era tagliato per il lavoro nel settore della ristorazione. Nutley è una cittadina pittoresca con una vasta popolazione di origine italiana, gente che quando va al ristorante vuole godere di un'atmosfera calda e accogliente. Sin da quando ero solo consulente per il business, avevo solo potuto metterci tanto. Feci alcuni errori nel non capire ciò che la gente si aspettava da un ristorante. Forse le porzioni e i prezzi non erano ciò che i clienti si aspettavano, ma certamente la qualità della mia cucina era autentica e godibile. Avremmo potuto anche superare il problema dei prezzi e delle porzioni se la gestione fosse stata sicura, ma quando la recessione del 2008 peggiorò e il mio socio cominciò a essere più parsimonioso per risparmiare pochi dollari qua e là, l'azienda iniziò ad avere seri problemi finanziari. Alla fine, lo presi in disparte e gli dissi che non aveva altra scelta che vendere il locale

In questa fase della recessione, il mercato immobiliare era ancora debole. Dopo molti tentativi falliti di negoziazione con potenziali acquirenti, per aiutare il mio amico a liberarsi del fardello, decisi di investirci io stesso. Nessuno voleva comprare il posto, e nonostante le molte preoccupazioni per l'azienda, non me la sentivo di far chiudere il ristorante che era sotto la mia supervisione. Così, invece di rinunciare, proposi di rilevare il business. Presi un nuovo socio nella gestione dell'impresa e insieme cominciammo a pensare a come rinnovare il locale con successo.

Inserendo un nuovo socio investitore che era stato anche un dipendente del locale a tempo pieno, accettammo la sfida con pieno vigore. Questo significava partire dalla scelta di un nuovo nome per segnare il cambio di gestione e questo era un problema. Accanto al ristorante c'era un asilo gestito dalle suore di un convento locale. Un giorno stavo lì fuori a chiacchierare con una delle suore sul problema del nome. Mi chiese quale era il nome di mia madre e, quando le risposi che era Vittoria, esclamò: "Mamma Vittoria!" Il mio nuovo socio in affari Abe era accanto a me che ascoltava e si disse subito d'accordo; era il nome perfetto per il nostro nuovo ristorante. E così "Mamma Vittoria" fu!

Nel novembre del 2009, dopo alcune settimane di restyling del ristorante, facemmo la nostra grande inaugurazione con i proprietari di negozi vicini e funzionari locali che si unirono a noi in questa gioiosa celebrazione. Non sapevamo se in definitiva avremmo avuto successo, ma decidemmo di non ripetere vecchi errori. Il mio partner Abe con grande orgoglio accolse tutti i clienti nel ristorante in modo così caloroso come se entrassero a casa sua e, proprio come con Marcello's a Suffern 24 anni prima, iniziammo a costruire una solida base di fedeli clienti.

Mamma Vittoria oggi

Ora, a un anno dall'apertura di Mamma Vittoria, ci consideriamo molto fortunati per essere sopravvissuti alla recessione per un anno intero. Il negozio accanto a noi non è stato così fortunato: il proprietario è stato recentemente costretto a chiudere e ci è dispiaciuto molto vederlo andare via. Ma questo significava anche una nuova opportunità da prendere in considerazione. Dal momento che nel retro del ristorante avevamo una sala di ristorazione che ci sembrava un po' piccola per i grandi ricevimenti che ospitavamo, abbiamo pensato di chiedere al padrone di poter acquisire circa 700 piedi quadrati della sua proprietà. Pensavo che sarebbe stata una buona occasione da cogliere subito, anche se l'economia in quella fase non andava molto bene perché io credo fermamente che si possano correre ragionevoli rischi di fronte alle possibilità che si presentano. Mentre mettevamo a punto questo nuovo progetto, ho vissuto quasi una sensazione di déjà-vu : mi sembrava di rivivere la stessa esperienza di quando decidemmo di prendere il negozio accanto al Ristorante di Suffern nel 2001.

Dopo aver raggiunto un accordo con il padrone di casa per acquisire lo spazio adiacente, abbiamo subito dato inizio al progetto di costruzione e attualmente stiamo ampliando la sala di ristorazione sul retro. Questo mi dà speranza e continua motivazione. Con il miglioramento della nostra presenza a Nutley, speriamo di poter realizzare un amato luogo d'incontro che possa essere goduto anche dalle generazioni future.

Una storia insolita

Un giorno, un signore chiamò per fare una prenotazione per una festa per quindici persone. Riconobbi il nome e sapevo che era stato al ristorante molte volte, quindi non chiesi un deposito. Pochi giorni dopo, chiamò di nuovo, questa volta dicendo che voleva un bellissimo menù, tra cui l'aragosta, filetto mignon, sottolineando che il denaro non era un problema. Ci fece anche sapere che ora sarebbe stato un ricevimento per trenta. Anche se di solito richiediamo una prenotazione, sembrava molto serio e sentii che potevo fidarmi di lui, così gli assicurammo che saremmo stati lieti di accogliere il suo ricevimento.

Trascorsero poche settimane e, due giorni prima del ricevimento, l'uomo chiamò di nuovo e apportò alcune modifiche supplementari alla sua prenotazione: ora ci sarebbero stati 50 partecipanti e che avrebbero avuto bisogno di ottimo vino da accompagnare al pasto. Il mio maître si disse d'accordo e, ancora una volta, assicurò l'uomo che tutti gli sforzi sarebbero stati fatti per garantire che la cena riuscisse nel migliore dei modi.

Il giorno del ricevimento arrivò un'altra telefonata da quel signore.. Questa volta disse in particolare di riferirmi che se io lo avessi aiutato con il ricevimento, avrebbe avuto un bel regalo per me. "Mi piacerebbe avere un DJ per stasera e, di nuovo, le spese non sono un problema," disse il maître. Fummo presi alla sprovvista da tale richiesta dell'ultimo minuto e il maître disse all'uomo che era molto difficile trovare un DJ tre ore prima di una festa in un sabato notte, ma l'uomo insistette, così decisi di fare un giro di chiamate per cercare di trovare un DJ.

Finalmente, dopo varie chiamate senza successo, trovai un DJ che accettò di lavorare per il ricevimento ad un costo di $ 700. Sospirando con sollievo, assicurammo che tutto fosse preparato e, alle 7 di sera, con il DJ in preparazione sullo sfondo, alcuni ospiti entrarono alla spicciolata nel ristorante.

Il signore e la sua famiglia entrarono nel ristorante pochi minuti dopo. L'uomo venne diritto verso di me e, avvicinandosi, disse, "Ti piacerà il regalo che ti darò. Dopo che vedrai questo, saremo una famiglia." Ero sconcertato. Non avevo idea di cosa stesse dicendo, e non volli in particolare altre richieste, ma sorrisi educatamente e lo lasciai salutare i suoi ospiti.

Il ricevimento doveva essere una festa di partenza per il figlio dell'uomo che si era appena laureato al college e stava progettando di andare per un anno all'estero, ma alle otto il figlio non si era ancora fatto vivo. Passò un'altra mezz'ora e il figlio ancora non era comparso. Era una situazione strana per non dire altro, ma alle 8:45, sono finalmente andato dall'uomo e gli suggerii di iniziare a mangiare comunque. Lui accettò e ben presto il ricevimento ebbe inizio.

Alla fine della cena, con il figlio ancora irreperibile, il signore cominciò a chiamare i suoi ospiti intorno al suo tavolo e distribuì buoni regalo. Quando gli ospiti videro quello che era stampato sui certificati - promesse di televisori a schermo piatto e apparecchi home theater - erano felici, ma un po'confusi. Ridevano nervosamente e sventolavano i certificati, cercando di credere a quello che era appena accaduto.

L'uomo finì di distribuire i certificati ai suoi ospiti e anche ad alcuni del personale, e poi mi mandò a chiamare. Regalandomi un buono omaggio per un televisore da 52 pollici a schermo piatto con home theater, mi disse che dopo il bellissimo ricevimento che avevo dato a lui e ai suoi ospiti, aveva voluto che io godessi del più bel regalo che potesse farmi. Lo ringraziai abbondantemente, ma l'episodio era macchiato di confusione. Non capita tutti i giorni che gli ospiti nel mio ristorante elargiscono regali di tali dimensioni a dozzine e sicuramente non mi aspettavo alcun tipo di risarcimento extra per la cena di gruppo. Ciononostante, era stato estremamente generoso e mi sentivo onorato per il fatto che aveva tanto apprezzato la serata.

Quando la serata era finita e gli ospiti raccoglievano i loro oggetti prima di uscire, il signore chiamò il maître. "Guarda," disse a bassa voce. "Ho dimenticato il portafoglio. Ti dispiace se passo domani per pagare la cena?"

Il maître arrivò mentre stavo spiegando la situazione. Normalmente, i clienti devono pagare quando se ne vanno, ma stavo riflettendo su questa situazione. Conoscevo questo uomo e, nonostante l'eccentricità che aveva mostrato quella sera, sembrava un uomo onesto e buono. Mentre era stato decisamente strano il fatto che avesse distribuito regali a tutti durante la festa di addio del figlio.

Quando gli ospiti gli avevano chiesto perché lo avesse fatto, aveva risposto che, proprio come la maggior parte degli ebrei davano grandi ricevimenti in occasione del Bar Mitzvah* dei figli, egli era scozzese, ma aveva voluto regalare al figlio una festa simile come ricordo. Questo mi colpì e mi sembrava male insistere sui soldi mentre tutti erano così allegri al termine della serata.

"Nessun problema," disse il maître al signore. "Passi domani e sistemeremo tutto allora." L'uomo accettò e lo ringraziò.

Il giorno dopo, aspettammo tanto, ma non avemmo notizie dell'uomo. Sarà occupato, mi dissi. Mi dissi di aspettare fino al lunedì per contattarlo e gentilmente ricordargli del conto. Il lunedì arrivò e passò, ma ancora nessun segno di quel signore!. Verso sera, lo chiamai al telefono. Rispose e avemmo uno scambio amichevole: Mi ringraziò molto per il ricevimento e gli feci i complimenti per aver programmato una bella cena. "Signore, come volete pagare per il ricevimento?" Gli chiesi educatamente alla fine della conversazione

"Cosa vuol dire?" rispose. "Non ha pagato mia figlia?"

"No," risposi. "Lei chiese al mio maître di poter tornare il giorno successivo per il pagamento."

Si scusò abbondantemente e promise che avrebbe inviato il figlio a pagare il giorno successivo.

Il giorno dopo, nessuno venne a pagare. Alla fine della giornata chiamai il tizio e, in un primo momento, egli rispose educatamente, ma poi, tutto ad un tratto, la sua voce si alzò. "Ho dato una carta di credito al maître!" disse quasi gridando. Ogni volta che cercavo educatamente di dire che non avevo ricevuto nessuna carta di credito la sera del ricevimento, strillava e dava del "ladro" al maître. Ma alla fine della conversazione, improvvisamente si calmò e mi promise che qualcuno sarebbe venuto il giorno dopo per pagare il conto. A questo punto ero confuso e molto sospettoso. Quante volte aveva promesso una cosa e poi ignorava completamente quello che mi aveva detto?

La mattina controllai i messaggi in segreteria e, con mia sorpresa, c'era un messaggio di quel signore. Nel messaggio si scusava e mi chiedeva se mai volevo di nuovo lavorare per lui "Voglio dare un altro ricevimento da lei perché è un maestro," diceva nel suo messaggio. "Darò questi ricevimenti a intervallo di qualche mese, ma solo a condizione che al mio tavolo non ci sia quel cameriere. E ho i vostri soldi. Mi richiami."

Sempre più incredulo, lo chiamai di nuovo. Sempre di più, controllai la linea, ma era sempre occupato. Il stesso telefono che giorni prima era stato a disposizione ogni volta che chiamavo ora era sempre occupato. Dopo diversi giorni, sapendo che l'uomo aveva già cambiato la sua storia molte volte, chiamai il negozio che aveva rilasciato il suo buono regalo per poter verificare che non avesse l'abitudine di fare truffe. Proprio come avevo sospettato, il negozio mi informò che l'uomo li aveva contattati e aveva chiesto informazioni sui televisori, ma non aveva mai acquistato da loro bonus regali o prodotti. I certificati regalo erano stati solo il frutto della sua immaginazione – aveva fatto stampare certificati falsi!

Avrei dovuto chiamare la polizia, ma non ne ero ancora del tutto convinto. Era davvero necessario? Volevo solo parlare con l'uomo e vedere se era possibile sistemare bonariamente quello che era successo. Utilizzando le informazioni che sapevo sull'uomo, feci un giro in macchina nel suo quartiere per vedere anche se abitava presso l'indirizzo che mi aveva dato. Trovai la casa facilmente, il nome era segnato sulla cassetta postale e la porta era spalancata. Mentre lentamente mi avvicinavo alla casa, vidi un falegname lì davanti al lavoro sui gradini. Gli chiesi se poteva aiutarmi a trovare quell'uomo ed egli andò dentro per informarlo che ero lì.

Incredibilmente l'uomo mi fece cenno calorosamente di entrare. In risposta alle mie domande circa il pagamento, andò a verificare le sue informazioni salvate sul computer. "Ho 80 mila dollari qui nella mia banca" mi disse. Tutto ad un tratto il volto si trasformò completamente. "Che diavolo sta facendo nella mia cucina?" Urlò: "Vada fuori!"

A questo punto, mi recai direttamente alla stazione di polizia. Feci una denuncia di furto e la polizia la registrò, ma mi dissero anche che erano sicuri di non poter fare molto. Dopo alcune settimane che chiamavo la stazione per avere notizie sullo stato della denuncia, la polizia mi informò che l'uomo era stato rinchiuso in un ospedale psichiatrico. Consapevole che mi erano rimaste poche speranze, mi incontrai con un membro della famiglia dell'uomo e, con mia sorpresa, ricevetti subito una telefonata da un amico di famiglia il quale diceva che era molto dispiaciuto e che personalmente stava cercando di risolvere le molte preoccupanti situazioni finanziarie dell'uomo. Promise di mandarmi i soldi il giorno dopo.

"E' un altro scherzo?" chiesi incredulo. Ma l'uomo mi assicurò che non stava scherzando in alcun modo e, dopo avergli chiesto di inviarmi un assegno bancario, gli dissi anche che se me lo avesse inviato, avrei annullato la denuncia formale presso la polizia.

Giorni dopo ricevetti un valido assegno bancario da quell'uomo e così lasciai perdere il caso. In tutti i miei 25 anni di attività, questo è stato il rapporto più strano e bizzarro che io abbia mai avuto con i clienti.

2011: 25° Anniversario del Marcello's Ristorante di Suffern

Il 2011 segna il venticinquesimo anniversario del Marcello's Ristorante di Suffern - un quarto di secolo! Ci siamo messi tutti insieme a pensare a come celebrare questa data speciale, perché abbiamo voluto renderla speciale e, in qualche modo, diversa. L'idea di scrivere un libro ci è venuta come modo per segnare questa data, avvicinandoci ai nostri clienti proprio come avevamo fatto nel 2005 con il libro di cucina. Mi sono chiesto se il modo migliore per ricordare tutti gli alti e bassi degli ultimi 25 anni sarebbe stata quello da scrivere della mia esperienza in mezzo a tutti i nostri vari progetti e traguardi raggiunti.

Abbiamo avviato un altro progetto, continuato a tenere Marcello's Ristorante ad alto livello, ampliato Mamma Vittoria e, naturalmente, stiamo progettando una grande festa per celebrare il 25° anniversario del Marcello's Ristorante. Applicarsi allo stesso tempo a progetti diversi è duro, ma con l'esperienza del passato, la tenacia, la creatività e il grande ottimismo (anche quando è difficile essere

ottimisti!), continuiamo ad andare avanti con la convinzione che tali progetti si tradurranno alla fine in una grande gioia e soddisfazione.

Uno sguardo al passato e uno al futuro.

Non è stato sempre facile, ma ho imparato moltissimo da questi ultimi venticinque anni. Niente si raggiunge senza fare il primo passo e senza cogliere le opportunità che ti si pongono davanti Nulla va avanti senza una certa lotta. Anche con questa economia debole, accendere un mutuo, reinvestire il denaro, decidere di ampliare il Mamma Vittoria è stato qualcosa di cui sono molto orgoglioso perché ho sempre cercato di afferrare le opportunità senza aver paura di non farcela. Naturalmente, alla fine, niente è più prezioso del duro lavoro. Ho imparato che bisogna essere proattivi e non lasciarsi bloccare da piccoli ostacoli che si incontrano nel cammino verso il raggiungimento dei propri obiettivi.

Lungo la strada, mi sono sforzato di coltivare la passione per tutto quello che faccio per raggiungere obiettivi che non immaginavo un giorno avrei raggiunto. Ma ho anche cercato di mantenere un profondo apprezzamento per quello che ho già e di riconoscere le tante benedizioni che ho ricevuto. Partendo da ragazzino di una piccola cittadina che consegnava caffè espresso da negozio a negozio per il locale bar, ho dimostrato di aver avuto la pazienza di andare avanti a passi misurati e continuerò sempre a sforzarmi di imparare dalle mie esperienze, da quelle di successo come dalle altre più diverse.

Il prossimo anno speriamo di continuare a migliorare e di essere più efficienti con uso delle nostre energie. Ci ripromettiamo di rinnovare i menù e di continuare a soddisfare le esigenze della nostra attuale clientela. Sono grato per tutto quello che abbiamo finora raggiunto e sono sempre pronto in attesa dei tanti grandi momenti che arriveranno nel futuro.

Mi piace ricordare una famosa battuta del giornalista Earl Wilson:

Il successo è solo una questione di fortuna. Chiedetelo a quelli che hanno fallito!

Thank You to My Suppliers

There are so many people involved in running a quality restaurant. Over the years I have depended on great service from wine and liquor companies to food supply and service companies that I would like to thank.

FOOD VENDORS

Accademia Barilla

Amato Bakery

Arabica Coffee

Astoria Coffee

Baldor Specialty Foods

Bindi Desserts

Central Bakery

Dairyland USA

E & S Food

Fossil Farm

Jimi the Ice Cream Man

Madison Seafood Newark

Mark Chapman Mushrooms

Nation's Best Meat

Octopus Garden

Ren 500

Teitel Bros. Grocery

Val Seafood

Via Italia Food

WINE & LIQUOR VENDORS

Banfi Wines

Domain Select

Empire Merchants North

Enoclassica Selection

Frederick Wildman

Lobo Beer

Lauber Imports

Manhattan Beer

Opici Wine Group

Southern Wine

Tricana

VIAS

Vos Vinum

Winebow

Wine Worldwide

WEB DESIGN

Fresco ips

Shapedby.us

SERVICE COMPANIES

Air Breeze

All Flows

Auto-Chlor

Bergen Supply

Campbell Fire Protection

Carlo Minuto Carting

Computerbanc, Inc.

Culhane's Refrigeration

Elite Valet

EZ Electric

Fortessa, Inc.

Hood Depot

Mr. Plumber

Open Table

Pestech, Inc.

Provident Bank

Scott Aber, C.P.A.

Vulcan Gas

Yankee Linen

A special thank you to Mr. George Bente for sponsoring my first cookbook, "Salt, Pepper, Love and Creativity."

•

A special thank you to Mr. Walk from global Marketing for the opportunity to work with the Swiss Diamond cookware for the last two years and now with the Woll cookware from Germany http://wollcookwareusa.com/

I would like to thank Marcello Passalia for bringing a very talented group of musical artists all the way from Europe. His efforts are greatly appreciated.

The celebration of Marcello's of Suffern, June 16 & 23

Silver Anniversary Celebration

Both Thursday, June 16 & Thursday, June 23 from 4p.m.-12a.m.

Along with our live concert we will also be celebrating at the restaurant with a big open house featuring an array of Italian live ... 4p.m. to midnight with ...

Concert Ticket Price: $75
Tickets may be purchased @
www.marcellosgroup.com (webstore) -or-
In-store @ Marcello's Ristorante
21 Lafayette Avenue, Suffern, NY 10901
Tel: 845.357.9108

Each Ticket Purchased Includes:
• Marcello's new 200 page hardcover recipe/story ...
• One complimentary appetizer of your choice at ...
  with purchase of an entrée (valid any day from July ...
• $25 anniversary certificate towards one of
  Marcello's cooking classes (expires November 20 ...

Donation 20% of Each Ticket
Will be donated to a charity of your choice from the ...
Good Samaritan Hospital, Meals on Wheels, Suff ...
Upper Saddle River Knights of Columbus, ARC ...
Sons of Italy Linguanti Lodge, People to People ...
Humane Society, Helping Hands and Covenant ...

Marcello's Ristorante Of Suffern Presents

Two Nights of Entertainment Celebrating 25 Years In Business And New Cookbook Release

Live Concert @ The Historical Lafayette Theatre

Napoli to Broadway
• Singer
Cristina Fontanelli
The Fun Bunch Big Band

Hosted by
T.V. Hostess Ornella Fado

Pop to Opera
Directly from Europe
Elsebeth Dreisig   Ivan Dimitrov

Soprano   Baritone

Singer
Giada Valente   Albin E. Konopka

Thursday June 16 @ 8pm   Thursday June 23 @ 8pm

Antonio Ciacca
Jazz pianist

Gary Willner
Singer/Ventriloquist

Marcello's Italian family

Marcello's American family